重庆文理学院 2018 年校本立项教材（项目编号 TSJC1811）

大学生创新创业理论与实践

陈盛兴　李　莉　李胜芮　漆沫沙　秦　玲　编著

北　京

冶金工业出版社

2021

内 容 提 要

本书主要为了贯彻落实国家创新驱动发展战略,以创新促进高质量发展、以创业促进高标准就业为目标,积极推动创业带动就业,着力解决高等院校创新创业教育改革、课程建设与教育实践脱节的问题,厘清大学生创新创业孵化、实践与教育的关系,构建大学生创新创业教育理论与实践体系。本书每章节体例基本相似,穿插了创业名人名言、拓展训练、章节思考题等内容,每个章节既有理论分析,也有实践方法,具有一定的学术价值和实践意义。

本书可供大学本科和专科在校学生、大学生创新创业导师、高等院校创新创业工作者参考阅读。

图书在版编目(CIP)数据

大学生创新创业理论与实践/陈盛兴等编著. —北京:冶金工业出版社,
2021.12

ISBN 978-7-5024-9014-0

Ⅰ.①大… Ⅱ.①陈… Ⅲ.①大学生—创业 Ⅳ.①G647.38

中国版本图书馆 CIP 数据核字(2021)第 275660 号

大学生创新创业理论与实践

出版发行	冶金工业出版社	电　　话	(010)64027926
地　　址	北京市东城区嵩祝院北巷 39 号	邮　　编	100009
网　　址	www.mip1953.com	电子信箱	service@ mip1953.com

责任编辑　姜晓辉　王艺婧　美术编辑　彭子赫　版式设计　郑小利
责任校对　梁江凤　责任印制　李玉山
北京建宏印刷有限公司印刷
2021 年 12 月第 1 版,2021 年 12 月第 1 次印刷
710mm×1000mm　1/16;9.5 印张;186 千字;146 页
定价 69.00 元

投稿电话　(010)64027932　投稿信箱　tougao@cnmip.com.cn
营销中心电话　(010)64044283
冶金工业出版社天猫旗舰店　yjgycbs.tmall.com
(本书如有印装质量问题,本社营销中心负责退换)

前　言

本书旨在响应国家"大众创业、万众创新"的号召，深入贯彻落实创新驱动发展战略，以创新促进高质量发展、以创业促进高标准就业、以创意促进高品质生活为目标，为高等院校教师、大专院校在校生提供创新创业理论与实践指导。

本书共8章，主要分成三大板块：第一版块主要对创新创业的定义内涵、学术史及理论逻辑进行阐述，主要内容安排在第一章，通过查阅图书馆文献资源、调研城市科技馆馆藏资源，学习梳理了国内外关于创新创业的研究成果和相关论述。第二板块主要对创新进行了研究，主要内容安排在第二章、第三章，对创新思维定式进行了阐述，并就创新思维的特点、形成、方法和大数据时代的创新思维进行了论述。第三板块着重对创业的各环节和要素展开叙述，也是本书的主体部分，涵盖了第四章至第八章，重点对创业机会开发与评估、创业团队组建与管理、创业计划设计与策划、创业资源与融资、创业项目实施与孵化等要素展开了论述。

本书作为重庆文理学院2018年特色应用型立项教材（重文理教〔2019〕5号），得到了学校、教务处、创新创业学院等多部门的大力支持，在此一并表示感谢。本书是重庆市教委2020年教改重点项目"环大学创新生态圈建设视域下'四横四纵'双创人才培养模式改革与实践"（项目编号：202076）的阶段性成果，2019年教育部产学研协同项目"重庆文理学院'四级进阶'创新创业教育体系构建与实践"（项目编号：201902128014）的阶段性成果。本书对重庆市级孵化基地——重庆文理学院大学生创业孵化基地进行经验梳理和成果总结，得到了重庆市级孵化基地绩效评估专项基金的资助。本书编撰过程中，严格按照立项、框架研究、内容研讨、初稿撰写、内容审读的程序，对本书的内容及其合理性、合规性进行多次研讨。

在编写过程中，编著人员做了细致分工：第一作者陈盛兴主持本书的编著，负责本书的部分内容撰写、统稿、通读和修改；李莉、李胜芮、漆沫沙分别撰写了部分章节；秦玲主要为本书提供"榜样的力量"案例，丰富了本书内容，提高了本书的可读性。

本书每章节体例基本相似，穿插了创业名人名言、案例阅读、拓展训练、章节思考题等内容，每章还另外附了"榜样的力量"典型事迹介绍，以丰富本书的实践性、趣味性、学理性、生动性。本书具有实践意义强、实用性高的特点，同时也对理论进行了深入研究，可为读者提供有益借鉴和参考。

编著者

2021 年 6 月

目　　录

第一章 绪 论

创意犹如原子裂变一样，只需一盎司，便可带来无以计数的商业效益。

——比尔·盖茨

创意和创新是人类发展的不竭动力。有了创意思维，有了创新产品，人类文明才得以不断地向前发展。

一、创意、创造与创新

创意、创造和创新这三者既有区别又有联系。这三个概念都是指通过人类的创造性劳动，产生一种前所未有的事物或思想。然而，这三个概念在外延上存在明显的区别。从逻辑上讲，这三个概念的顺序应该是创造、创意和创新。因为创造是"首创前所未有的事物"，是一个从无到有的过程，人类社会演变过程中对火的使用，工具的使用，旧石器时代和新石器时代甚至到青铜器、铁器时代基本上体现的是创新多于创造，这些都是从无到有的过程。而创意是介于创造与创新之间的中间环节。在互联网时代，这三个词语的顺序可以重新排序为创意、创造、创新。因为现在这个时代，想要从无到有很难，凭空创造出一个新东西难度非常的大。

（一）创意的概述

创意是什么？故名思义，"创"即是创新、创作、创造；"意"即是意识、观念、智慧和思维。创意就是具有新颖性和创造性的想法，它是对现实存在事物的理解以及认知，所衍生出的一种新的抽象思维和行为潜能。汉王充《论衡·超奇》："孔子得史记以作《春秋》，及其立义创意，褒贬赏诛，不复因史记者，眇思自出于胸中。"因此，创意是种通过创新思维意识，从而进一步挖掘和激活资源组合方式进而提升资源价值的方法。

伟大的创意改变世界。新创意具有改变生活方式和市场运作方式的力量。1973年，施乐公司将个人电脑引入市场，人们的生活和社交方式便发生了改变。现在人们每天都离不开鼠标、笔记本和图形用户界面。1990年，蒂姆·伯纳斯·李（Tim Berners-Lee）发明了万维网（World Wide Web），现在你还能够想象一个没有互联网的世界吗？1983年，摩托罗拉向市场投放了第一款商用手机，开创移动通信革命。今天，大部分成功的公司都是这些新奇而富有冒险的创意的提供者。

创意是所有企业的生命力。没有新创意的公司会变得萧条、停滞不前，甚至倒闭。马克·J.派瑞（Mark J. Perry）教授对比 1959 年到 2009 年的世界财富 500强，发现 1959 年世界 500 强 86% 都已倒闭、合并或者被挤出世界 500 强行列。

（二）创造的概述

"创造"是对创造活动综合而生动的概括。何谓创造？在《辞海》中，"创造"一词被解释为"首创前所未有的事物"；在《现代汉语词典》里，创造被解释为："想出新方法、建立新理论、作出新的成绩或东西"。这些是有关创造最一般的解释。在学术界，人们对"创造"有无数种表达。日本工程学家思田彰教授在其著作《创造的理论和方法》中，列举了人们提出的有关创造的 83 个定义。刘仲林教授在《中国创造学概论》中指出："创造是赋予新而和的存在，是对已知要素进行组合和选择的过程，是只可在实践中体会的、不可言传的道。"并将创造的层析依次由外向内逐层递进，表现为：（1）"成物"，即外在的、静态方面的创造性成果。（2）"成思"，即内外结合、动态方面的创造过程。（3）"成己"（创造意境），即内在的、本质的层面。所以，创造至少应包含以下三方面内容：

（1）创造是一种有目的的实践活动，是人类认识世界、改造世界的一种最基本的生产实践。

（2）创造必须提供富有创新性的成果。

（3）创造是创造者聪明才智高度发挥的行为。

创造在社会科学和文学艺术领域较为多见，日常生活中的一些创作活动大多属于其他创造类型。例如，经济学家提出一种新理论、作家写出一部新作品等。因此，创造可以表现为发现、发明，但发现和发明并不能概括全部创造活动。而创新与创造两者大同小异，创造和创新都具有新颖性，都是过程与结果相结合的产物。都具有积极的意义，但也存在两个差别：一是创新比较强调结果，而创造比较强调过程。二是创新强调与原有事物相比较的新颖性，一般有比较对象；而创造强调自身的新颖性，不一定有比较对象。

创造就是首创或改进形形色色的事物，即包括自然界的事物，比如星云的收缩创造了星球，地壳的运动创造了山脉湖泊……这些是自然的创造。在这里主要对人类创造有关问题进行阐释。即指将两个或两个以上概念或事物按一定方式联系起来，主观地制造客观上能被人普遍接受的事物，以达到某种目的的行为。简而言之，创造就是把以前没有的事物给产生出或者造出来，这明显的是一种典型的人类自主行为。因此，创造的一个最大特点是有意识地对世界进行探索性劳动。

有关专家将人类的创造分为"第一创造性"和"第二创造性"。第一创造性是指人类历史中出现的重大发明和创造，如中国的"四大发明"、爱因斯坦的相对论、瓦特的蒸汽机等。第一创造性是少数人所拥有的活动。定义所说的"改进"属于第二创造性，它是指人们在理解和把握某些理论与技术的基础上，根据自身的条件加以吸收和溶解，再创造出大量的具有社会价值的新事物。第二创造性是较为广泛的社会性活动。

创造对人类社会的发展具有十分重要的意义，它也关系到国家的兴盛和世界的发展。我国的四大发明曾经为人类做出过不可磨灭的贡献。西方现代实验科学之父培根曾说，这些发明"已经改变了整个世界的面貌"。美国学者罗伯特·坦普尔在1986年出版的《中国——发现发明的国度》一书中列出了中国主要科技发明的100个"世界第一"，并对古代中国与世界发明进行了统计：公元前6世纪以前，全世界重大科技成就共54项，其中由中国发明或发现的31项，占57.4%；公元前6世纪到公元前1年，全世界87项，中国44项，约占50%；公元前1年至公元400年，全世界45项，中国28项，占62%；公元401年至公元1000年，全世界45项，中国32项，占71%。到公元1500年为止，在世界重大科技成就中，中国占58%。

在党和国家"科教兴国""增强自主创新能力""实施创新驱动发展战略""大众创业、万众创新"等战略思想指导下，全民族的创新、创造精神必将会被大大地激发出来，其创造力也必将得到充分的发挥，国家的科技水平和综合国力也必将会快速得到提高，中国也必将为世界发展做出更多的贡献。

（三）创新的概述

在我国，创新一词最开始是以"刱新"出现的。"刱"（chuang）同"创"，意为创立或创造新的东西。《元典章·兵部三·铺马》："有今后刱新归附的百姓有呵，有铺马里上来者，他每的拜见马匹沿路上依在先体例，与草料者。"《南史·后妃传上·宋世祖殷淑仪》："据《春秋》，仲子非鲁惠公元嫡，尚得考别宫。今贵妃盖天秩之崇班，理应创新。"英语 innovation 一词出自拉丁文，意指更新、制造新的东西或改变的意思。

古今中外，对创新有着许许多多的理解、解释、解读、说法。但到底什么是创新，又怎样给创新下个定义呢？

从广义上讲，创新泛指创造新的东西或具有创造性。《现代汉语词典》中对创新的释义是抛开旧的、创造新的以及具有新意。从这个角度来看，创新和创造的意义比较接近。例如"培养创新精神""在工作中创新"。创新是指人类提供前所未有的事物的一种活动，它是在有意义的时空范围内，以非传统、非常规的方式先行性地、有成效地解决各种事物问题的过程。该定义包括以下含义：

（1）创新是以解决实践问题为目的的一项活动。

（2）创新的本质是突破传统、突破常规。

（3）创新是一个相对概念，其价值与时间、空间有关。同样的事物在今天看来是创新，明天可能是追随，后天大多数人都接受了，可能就是传统了。创新必须在一定范围内具有领先性，有的是世界领先，有的是地区领先。

（4）创新可以在解决技术问题、经济问题和社会问题、自然科学的广泛范围内发挥作用，它是每个人都可以参与的事业。

（5）创新以取得的成效为评价尺度。有成效才能认为是创新，根据成效，创新可以分成若干等级：有的是划时代的创新，有的是时尚创新。

创新是指人类提供前所未有的事物的一种活动。其中有两个关键词可以帮助我们进一步理解什么是创新。一个是"事物"，另一个是"前所未有"。这里的"事物"很广泛，既包括自然科学、也包括社会科学，上至国家政策，下至百姓生活，从天文到地理，无所不有。

而从狭义上来讲，创新是由美国经济学家熊彼特1912年首先建立的，他在其代表作《经济发展理论》中提出，认为创新是建立一种新的生产函数，是一种从来没有过的关于生产要素和生产条件的新组合，包括引进新产品，引进新技术，开辟新市场，控制原材料的新供应来源，实现企业的新组织。由此可见，经济学意义上的创新，作为一种人类行为，其主体是企业家，创新的关键是对生产要素进行重新组合，能否为企业带来超额利润是检验创新成功与否的标准，创新是一种过程。经济学家一般认为，创新可通过五种途径实现：

（1）开发一种新产品或提高一种产品的质量。开发新产品属于原创性创新，即把科学技术引入生产领域，生产出市场需要的产品。通过这种途径创新，必须掌握两条原则：一是了解市场需求；二是运用科学技术。

（2）采取一种新的生产方法。一般中小企业常采用这种方法，目的是提高质量、降低成本，这也需要把科学技术引入生产领域。

（3）开发一个新的市场。通过这种途径创新，一要眼观六路，耳听八方，通过收集、处理信息发现市场；二要根据市场形势，在生产链中随时组合产品。

（4）掠取或控制原材料或半制成品的一种新的供应来源，也不问这种来源是已经存在的，还是第一次创造出来的。

（5）实现任何一种工业的新的组织，例如造成一种垄断地位（例如通过"托拉斯化"），或打破一种垄断地位。

熊彼特的理论一开始并没有引起足够的重视，直到1934年他的作品用英文出版后，才引起了学界的广泛关注。熊彼特之后，特别是通过最近几十年的理论探索和实际应用，技术创新无论在理论还是实践上都超越了熊彼特创新理论的范围，得到了极大的深化和发展。理论方面，创新逐步从专指技术创新的狭义概念扩展到包括技术、市场、组织和管理多种要素的广义的创新。

美国著名管理学家德鲁克将创新概念引入了管理领域，他在《创新与企业精神》中详细论述了企业管理的创新问题。其实，他一生写的 39 部著作几乎都论述了管理创新问题。他认为，创新就是赋予资源以新的创造财富能力的行为。他提出的 MBO（目标管理），就是管理界的一个重大的创新。

二、创新的特点和分类

(一) 创新的特点

1. 普遍性

创新存在于一切领域，没有哪个事业、哪个行业、哪个领域是一成不变的。

2. 永恒性

创新是人的本能，只要有人类，就有创新，这种活动受人类自实现本能的支配。另外，人类的其他活动有可能终止，但创新永远不会终止。

3. 超前性

由于创新就是相对于他人的首创行为，因此社会认识必然滞后于创新，创新总是超前的。

4. 艰巨性

有两个因素导致了创新的艰巨性。其一是由于创新的超前性而致因为超前，所以可能得不到他人的理解和支持，甚至遭到反对，给创新者造成很大的压力，并制造了艰难的创新环境；其二是由于创新本身，创新是做前人或他人没有做过的事情，实现创新的过程和方法都需要探索，因此带有不确定性和技术上的难度。这些因素共同导致了创新的艰巨性。

5. 社会性

如前所述，完成一个创新，不但要想还要做，要实施。实施过程中就要与社会发生联系，产生社会性。在现代社会中，随着分工的细化，单打独斗的时代已经一去不复返。

6. 无限性

创新无止境、无边界、无权威、无模式。最好的创新永远是下一个任何学科、领域、部门都是人为划分的结果，既然是人为划分，就可以人为打破，故创新也无边界、无框框。有人会说隔行如隔山怎么解释，我们要说的是，在专业知识面前，不同的行业、专业是有着很大的差别，但在创新面前，规律是一样的，而且越是跨行业、跨领域的创新，越是能诞生超乎寻常的结果。这也正是在互联网时代为什么会出现共享单车、移动支付、众筹等新兴商业模式，以及阿里巴巴、摩拜、小米等新兴公司的原因。同时，规律表明，那些真正的创新大师们往往都是知识渊博的人，他们在多个领域都有建树，只是在某个领域更加突出而已。就像一位哲人所说，科学的殿堂就像一所大房子，不同的学科只不过是这所大房子开的一个个窗户而已。换句话说，不同学科之间原理可能是相通的。

（二）创新的分类

创新涵盖众多领域，包括政治、军事、社会、文化、科技等。按创新的内容具体可以划分为知识创新、技术创新、工程创新、社会创新。

（1）知识创新。知识创新是指通过科学研究，包括基础研究和应用研究，获得新的基础科学和技术科学知识的过程。其中科学研究是知识创新的主要活动和手段，知识创新的目的是追求新发现、探索新规律、创立新学说、创造新方法、积累新知识。

（2）技术创新。技术创新属于经济概念，指企业应用创新知识和新技术、新工艺，采用新的生产方式和经营管理模式，提高产品质量，开发新产品，提供新服务，占据市场实现市场价值。

（3）工程创新。工程创新指技术要素层次的集成，其重要标志是"集成创新"。包括工程理念创新、工程设计创新、工程技术创新、工程管理创新、工程制度创新。

三、创新的作用和意义

（一）创新对社会进步的作用

可以说，人类社会是伴随着创新而诞生和发展的。创新是人类实践活动的社会本性。人们通过创新，造就出崭新形态的物质价值和认识成果。作为改造客观世界和主观世界的一种基本途径，人类所进行的创新永无止境。创新推动人类社会从低级形态向高级形态不断地演进。

近年来，我国之所以能够发展如此迅猛，就是因为创新，尤其是科技创新扮演了重要的角色。载人航天和探月工程、超级计算、载人深潜、中微子振荡、量子反常霍尔效应、诱导多功能干细胞等近期取得的重大成果，成为我国创新体系的骄傲。在基础研究领域，中国科学家对全球科学论文的贡献多年来一直排在全球第二位，高水平的论文近年来更是位居世界前列。高速铁路、水电装备、杂交水稻、基因测序、4G 和 5G 移动通信、电子商务等重大技术突破及其推广，对我国经济社会发展起到了引领和支撑作用。

（二）创新对企业竞争的作用

彼得·德鲁克指出：21 世纪，企业唯一重要的事情就是创新。因此，创新是一个企业的灵魂，它决定着企业发展和生存的始点和终点，对于一个企业来说，创新可以包括很多方面：技术创新、制度创新、人员创新，思想创新等……技术上的创新可以使企业相对于其他的企业来讲发现更快更短的路径，降低生产要素的成本，提高市场竞争力，扩大市场份额，可以构筑和保持自己在某一领域的优势；制度创新可以使内部管理更加有秩序，在制度的改革换新中摆脱一些旧制度的弊端；思想创新相对来说比较重要，尤其是领头人物正确的思想创新它可以确保企业沿着正确的道路不断前行，员工的思想创新可以为企业带来较大的利益，有助于营造企业内部创新的氛围，培育企业创新精神。

创新是企业建设的根基，也是企业与企业之间竞争的根本，是推动企业的生产经营、科研、管理服务等提高相关竞争力的关键，创新是发展的本质规定，在新形势下，创新反映了一个企业的核心精神，这种核心精神是企业发展观的体现，它需要汇聚公司人员的智慧和力量，需要广泛凝聚共识、不断增进团结，推动企业内部的向心力和正能量，在激烈的市场竞争中树立属于企业自己的新文化，有利于企业的可持续发展。

（三）创新对个人发展的作用

创新在人类发展历史中起着不可估量的作用，对于我们个人的发展更是相当重要。在当代，科学技术的突飞猛进，新的发明、新的技术、新的材料、新的工艺层出不穷，社会在科技的带动下飞速发展，然而创新又使这个速度不断加速。因此，大学生的创新能力培养已经成为国家、社会和时代的需要。

著名的心理学家斯坦（Stein）认为，创新精神可以激发，唯需要适当的教育。在大学期间，大学生一定要学会如何应用所学知识解决问题，培养自己的创新精神。美国微软公司总裁比尔·盖茨大学二年级开始创业时，大型计算机几乎垄断了整个计算机行业，而小型机也只是刚刚占有一席之地，微型计算机更是可望而不可即的奢侈品。比尔和他的朋友另辟蹊径专注个人计算机系统软件的开发之上，开发出个人计算机不可缺少的操作系统——DOS 系统，使个人计算机的普及成为可能。而后，他对 DOS 系统解密，占领市场。当个人计算机普及时，他利用独有的市场条件，提出了与个人计算机捆绑销售的策略，这一切都来自比尔·盖茨的创新精神。

榜样的力量（一）——从寸步难行到西南第一

大学生由萌发创意、想法到创造出市场需要的产品或服务且做到盈利，是一个由模糊设想到清晰定位、逐渐克服各种困难的过程，只有敢想敢做、不怕失败、坚持到底的人才能成功。

葵阳农业开发公司成立于 2016 年，以输出向日葵和云母苜蓿草种植技术为主，2017 年入选重庆市教委主办的"优创优帮"项目扶持计划三十强，成为重庆市大学生创业优秀代表之一，目前在该领域技术稳占西南地区第一。其创始人是重庆文理学院 2014 级体育学院的辛凌宇。

来自内蒙古自治区的辛凌宇，骨子里有一种不甘平庸的冲劲儿。当他对日复一日的体育训练感到不再新鲜时，辛凌宇又开始了大学中第一次"不安分"，他决心创业。上大二的辛凌宇第一个想到的就是家乡内蒙古独具特色的少数民族景观。他最初打算在永川复建一个景观园区。由于初期资金、技术、场地等种种制约，他的计划从一开始就搁浅了。

在闭关反思了近一个月、计划书也被推翻重写不知多少次之后，辛凌宇决定还是将这份计划继续下去。他甚至更加"异想天开"地提高了创业最终目标——建立起一家占地几千亩的、能融合56个民族特色农作物及草本植物的观光型景区。

不过，他也从上次计划的夭折中深刻意识到创业不能泛泛而谈，更不能脱离实际一蹴而就。于是他将自己的规划分得细而再细，最后决定从自己最熟悉的向日葵、云母苜蓿草的种植技术输出做起，这样既能熟悉当地种植条件又能积累资金，准备景区的建设。

2016年，"葵阳农业"成功注册公司，得到学校认证并入住企业孵化园。公司成立了，但没有客源，顾客根本不相信他们能拿出多成熟的技术——毕竟这个行业是看天吃饭，必须抓住生产季节产生最大利润，没有人愿意冒这个风险。辛凌宇和他的团队仍没有放弃。他们互相打气、互相加油，最后几人合资凑了近两万块作为启动资金，然后开了紧锣密鼓的筹备。他们在何埂镇租赁了18亩地，试着种下红色、多彩、褐色、多头等多种彩色向日葵品种。不过，由于重庆的土壤、气候等与内蒙古差别很大，第一年他们种植成功率只有三分之一。第二年，他们节衣缩食，继续摸索如何在重庆成功试种彩色向日葵。辛凌宇投身到种植生产中，他亲自下农田播种、除虫、勘查。在最忙的那段时间，他甚至不回宿舍，而是选择和请来的农民们同吃同住，随时关注天气变化以作出应对措施降低对植株的伤害。

与巨大的付出对应的是丰厚的回报。当第一批植株成功种植和售出，辛凌宇团队的技术也同时得到了认可。就在第一批成果收获后不久，他们终于得到了第一批赞助。同时，通过重庆文理学院"创业合伙人"平台，他得到与重庆蕊福农食用菌种植有限公司合作的机会，由公司提供种植土地和运行资金，产生的经济效益大致按照4∶6比例分配，目前"彩色向日葵"已经成功种植。

如今，该团队已能自行运转，拥有了固定的资金、生产线。刚毕业的他就已实现了公司年收入30万元的"小目标"。未来他将以"建立起一家占地几千亩的、能融合56个民族特色农作物及草本植物的观光型景区"为最终目标——虽然这个目标的实现有很长的路要走，但辛凌宇相信自己总有走完这条长路的一天。

【本章思考题】

创意、创造和创新三者的关系是什么？

第二章　突破思维定势

妨碍人们学习的最大障碍，并不是未知的东西，而是已知的东西。

——贝尔纳

第一节　思维概述

一、思维的含义

什么是思维？人们常说"想一想""考虑一下""深思熟虑"都是指人们的思维活动。

思维的定义是个有点复杂的问题。《现代汉语词典》对思维的定义是：思维是在表象、概念的基础上进行分析、综合、判断、概括等认识活动的过程，思维是人类主观意识层面所产生的客观认知，思维是人类特有的一种精神活动，是从社会实践中来的。心理学上认为，思维是对客观事物间接和概括的反映。它反映的是事物的本质属性和事物之间的规律性的联系。思维的间接性是指通过思维过程，根据已知的信息推断出没有直接观察到的事物。思维的概括性就是思维反映了事物之间固有的、必然的联系。其推理形式是"凡是这样就会那样"。例如，凡是木材一定能燃烧（满足燃烧条件的前提下），下雨地上一定会湿等。思维的概括性是间接性的基础。

二、思维的基本构成

就其本质而言，思维是对问题或情景的内部表征。比如你在做某件事之前会提前想好每一步要做什么。你要运用思维的基本组成（表象、概念、语育）来完成这一过程。

三、思维的分类

根据不同的标准，可以从不同的角度进行分类。

（一）根据抽象性分类

根据思维的抽象程度，可以将思维分为直观行动思维、具体形象思维和抽象逻辑思维。就思维的起源和发展而言，思维的发生和发展次序也是直观行动思维—具体形象思维—抽象逻辑思维。

（1）直观行动思维。直观行动思维是以直观的动作和活动为媒介而进行的思维。它的高级形式是实践思维，这种思维的主要特点就是通过动作和活动获得问题的答案，可以说是一种观察学习，也可以说是一种尝试错误学习。

（2）具体形象思维。具体形象思维是以具体表象为材料的思维。个体身上出现具体形象思维后，他就可以脱离面前的直接刺激物和直观的动作，借助于表象进行思考。

具体形象思维与语言相结合后，就可以发展成高级的形象思维。这种思维既带有鲜明的形象，又运用抽象的语词，这样形象和抽象相结合，成为形象逻辑思维。文艺作品就是形象逻辑思维的产物，它用形象来说明深刻抽象的道理。

（3）抽象逻辑思维。以抽象概念为媒介进行的思维叫抽象逻辑思维。它是人类思维的核心形态。这种思维也可以说是以语词为媒介，因为抽象概念总要以语词作为标记。

以上三种思维形式往往是结合使用的。一般来说，知识经验缺乏的时候，前两种用得较多。

（二）根据实践活动的目的性进行分类

根据实践活动不同目的，可以将思维分为上升性思维、求解性思维和决策性思维。

（1）上升性思维。上升性思维的目的是使个别性认识上升到普通性认识。科学研究主要就是一种上升性思维。

（2）求解性思维。求解性思维始终围绕着具体问题展开，其目的是找到答案。学生做习题，用的就是求解性思维。

（3）决策性思维。决策性思维的目的是规范未来和预测结果。行动方案的选择，或未来事件的预报，都属于决策性思维。

（三）根据思维的活动方式分类

根据这个维度，可以把思维分为再现性思维和创造性思维。再现性思维指是运用先前已经获得的知识和经验解决问题。创造性思维指的是能获得新知识并能产生新颖的思维成果，也就是打破思维定势，开辟新的思路，从而形成有创见的思维。

四、思维特性

思维是借助语言、表象或动作实现的，对客观事物的概括和间接的认识，是认识的高级形式。它能揭示事物的本质特征和内部联系，并主要表现在概念形成和问题解决的活动中，故思维有以下一些特性。

1. 概括性

思维的概括性是指在大量感性材料的基础上，把一类事物共同的特征和规律抽取出来并加以概括。概括水平在一定程度上表现了思维的水平。另外，概括是人们形成概念的前提，也是思维活动能迅速进行迁移的基础。

概括水平是随人们认识水平的深入而不断发展的。人们的认识水平越高，对事物的概括水平也就越高。

2. 间接性

思维的间接性是指人们借助一定的媒介和知识经验对客观事物进行间接的认识，即通过其他表征来推断事物的能力。由于思维的间接性，人们才可能超越感知觉提供的信息，认识那些没有直接作用于人的感官的事物以及属性，从而揭示事物的本质和规律。从这个意义上讲，思维认识的领域要比感知觉认识的领域更广阔、更深刻。

第二节　思维定势的形成

随着人们不断地学习知识、积累经验，在这过程中，一方面提高了认知能力，形成了思维惯性，但另一方面这些知识和经验也可能成为工作中取得创新成果的阻碍。

一、思维定势的含义

生活中，很多时候人们习惯于自始至终地用一种思维方式去观察和解决问题，结果在不知不觉中给自己设置了一个"桎梏"，逐渐形成思维定势，从而阻碍了人们前进的步伐。

二、思维定势的特点与双重性

（一）思维定势的特点

1. 抽象性

抽象性是指思维定势是空洞无物的模型，只有当被思考的对象填充进来以后，才会显示出思维定势的存在，显示出不同定势之间的差异。

2. 惯性

思维定势能够支配人们"不假思索"的思考和行动，让人们沿前一思考路径以线性方式继续延伸，并暂时封闭了其他思考方向，具很强的稳定性甚至顽固性。

英国经济学家贝弗里奇（William Beveridge）在他的《科学研究的艺术》中解释了思维惯性："我们思想越多次采取特定的一种思路时，下一次采取同样的思路的可能性就越大。在一连串的思想和动作中，一个个观念之间形成了联系，这些联系每被利用一次，就变得越加牢固，直到最后，整个联系紧密地相连成一个系统，最终使它们之间的联系很难被破坏。正像形成条件反射一样，思维最终进入固定的模式里。"

3. 封闭性

在长期的生活实践中，人们的注意力往往倾向于自己熟悉的事物和观念，而对其他的问题和现象却视而不见，从而形成了思维的封闭性。

意大利著名航海家哥伦布驾船航海发现了美洲新大陆，这一事迹成为历史上的壮举，对后世的影响深远。但在当时，忌妒者也大有人在。他们千方百计抹杀哥伦布的伟大创举。一次，在西班牙的一个宴会上，一些达官贵人攻击哥伦布，他们以挑衅的口气说："哥伦布先生，你发现新大陆似乎觉得很了不起，不过在我们看来，这是很平常的事，任何一个人绕着地球转，都会发现这个事实的，即使是傻子也不会视而不见这么一大块土地的。"说罢，这些人不怀好意地哄笑起来。哥伦布反问一句："诸位以为那是件平常的事吗?""不错，是一件最简单不过的事了。""那好吧，"哥伦布接过话头，他指着餐桌上盘子里的一只熟鸡蛋说："现在我们不妨做一个试验，先生们，你们当中谁能把这个鸡蛋竖立起来?"达官贵人们都去试了试，但谁也没能够把鸡蛋竖立起来，都说这是不可能的事。哥伦布当即拿起鸡蛋，轻轻地在桌上一磕，磕破了一点鸡蛋的尖头，鸡蛋便牢牢地竖立在桌上了。"诸位办不到的事，我不是办到了吗?"这些达官贵人不能把鸡蛋立起来的原因，在于他们思维的封闭性。在他们的观念里，鸡蛋是不能被磕破的，这个定势已经根深蒂固，因此拒绝任何习惯以外的想法。

(二) 思维定势作用的双重性

思维定势对于解决问题，既有积极的一面，更有消极的一面，而它的消极作用往往被人们忽略。

思维定势的积极作用在于：我们用来处理日常事务和一般性问题的时候，能够驾轻就熟，得心应手，使问题得到完满的解决，它可以迅速帮助人们解决当下需要处理的问题，或不需要亲身经历就能发现事物的本质，以及预见尚未发生的事情。比如，冬季一觉醒来，看到窗外白茫茫的雪，虽然没看到昨夜下雪的过程，但不妨碍判断昨夜下雪了，这就是从已知推断未知的间接反映。

思维定势的消极用于：当我们面临新情况新问题而需要开拓创新的时候，它就会变成"思维枷锁"，阻碍新观念、新点子的构想，同时也阻碍头脑对新知识的吸收，它会影响人们对客观事物原有本质的判断，束缚了人们的视野，让人们对事物的整体认知产生了局限性。

思维定势是一种惯性思维，通常沿着熟悉的思考路径，以线性方法投射到当前的问题，不经意就陷入了思维误区。英国哲学家、科学家弗朗西斯·培根

(Fanics Bacon) 说："既成的习惯，即使并不优良，也会因习惯而使人适应。而新事物，即使更优良，也会因不习惯而受到非议。"哥白尼提出"日心说"取代"地心说"的过程充满荆棘、障碍重重的坎坷。这个过程之所以如此艰辛，是因为这一理论交替，除了触及当时占据统治地位的信仰体系的根本，也是对固守思维定势的人们对"地心说"极大的冲击。

思维定势在日常生活和工作中，对于普通问题的思考和处理，尤其是程序化、规范化地完成任务是快速高效的，但不利于开创性的改革及突破性的创新思维，它阻碍了新思想、新观点、新技术的发生。"一代名相"魏徵在向唐太宗上奏时提道："欲流之远者，必浚其泉源"。意思是说思维好比流水，没能突破种种障碍，也只能停留在原地，沦为一潭死水。消极的思维定势会阻拦创新思维。因此，在激发创新思维的过程中，我们就必须要突破思维定势，不同的人有不同的思维定势。

三、思维定势的分类

（一）权威定势

权威定势就是我们思维或观念无条件接受和服从权威的习惯。权威定势的形成主要通过两条途径：一是儿童在走向成年的过程中所接受的"教育权威"。二是由于社会分工的不同和知识技能方面的差异所导致的"专业权威"。心理学家穆勒曾做过一个实验，他提出了一些问题，请100名学作书面回答。答卷交上后，他进行了简单讲评，并谈到了某位学术权威对这些问题的见解。后来他又发下答卷，要学生进行修改，结果学生们都不假思索地采用了专家权威的意见。这就是心理学上著名的"权威实验"，证明了人们普遍存在的"相信权威胜于相信自己"。大发明家爱迪生曾经极力反对交流电，许多科学家都曾预言飞机是不能上天的。所以，英国皇家学会的会徽上雕刻着一句话：不迷信权威。

霍尔于1877年考入霍普金斯的研究生院，跟着罗兰教授攻读物理。在罗兰开设的课程中，麦克斯韦的《电磁学》被指定为教科书。在学习这本书的过程中，霍尔对麦克斯韦的一段论述产生了怀疑。书中这样写道："在导线中流动的电流本身完全不受附近磁铁或其他电流的影响……"霍尔读到这句话后感到似乎和普通的物理知识相矛盾。不久他又读到瑞典物理学家埃德隆德教授的一篇文章，文中明确地假定："电流受磁电的作用，恰如载流导线受磁铁的作用一样。"在发现两个学术权威的论点不一致之后，霍尔更加相信自己的直觉。他又去请教罗兰教授，教授告诉他，他也曾怀疑过麦克斯韦理论的正确性，也曾做过一个实验但是没有成功。于是霍尔全身心地投入到新的实验中，终于发现通过金箔条的电流在磁场中产生电势，方向与电流和磁场垂直。这就是我们所说的"霍尔效应"。

18 世纪，错误解释燃烧现象的"燃素说"被视为圣典，在化学界竟然统治了整整一个世纪。其实，在此期间，卡文迪许、舍勒、普利斯特列等许多著名的科学家都曾在实验室中得到足以推翻这种错误观点的证据，但由于他们受头脑中既有的权威定势束缚，在事实与权威理论产生明显矛盾时，不是去怀疑"燃素说"，而是让事实去迁就"权威"的理论，以致于"在真理碰到鼻尖时还没能得到真理"（恩格斯语）。而后来，是法国化学家拉瓦锡在卡文迪许等人的工作基础上，提出了正确解释燃烧现象的"氧化学说"，创立了近代化学。

（二）从众定势

思维定势的一个重要表现就是从众定势，就是跟从大众、追随大伙、随大流，这是一种最为常见的思维定势，甚至可以说它存在于人们生活的方方面面，时时刻刻。思维从众倾向比较强的人，在认知事物、判定是非的时候，往往随声附和、人云亦云，缺乏独立思考和创新观念。法国的自然科学家法伯曾经做一次有趣的"毛虫试验"。法伯把一群毛虫放在一个盘子的边缘，让它们一个紧跟着一个，头尾相连，沿着盘子排成一圈。于是，毛虫们开始沿着盘子爬行，每一只都紧跟着自己前边那一只，既害怕掉队，也不敢独自走新路。它们连续爬了七天七夜，终于因饥饿而死去。而在那个盘子的中央，就摆着毛虫喜欢吃的食物。在"从众定势"指导下，别人怎样做，我就怎样做，别人怎么想，我就怎样想，忘记了独立思考。

有一位叫福尔顿的物理学家，由于研究工作的需要，测量出固体氦的热导率。他运用的是新的测量方法，测出的结果比按照过去计算的数字高 500 倍，他感到这个差距太大，如果公布出来会被人看作哗众取宠，因此他没有公布自己的测量结果，也没有进一步进行研究。没过多久，美国的一位年轻科学家，在实验过程中也测出了同样的结果并将结果公布出来，很快在科技界引起了广泛关注，赢得了人们的肯定和赞誉。

思维上的从众思维使得个人有一种归属感和安全感，能够消除孤单和恐惧等有害心理。另外，以众人是非为是，人云亦云是一种保险的处世态度。在人们的世界里，衡量是非的标准往往不是纯粹的事物，而是主观的感受。在一个群体之中，如果大家都认为某件事情错了，那么，这件事情就是错了。人们常说谣言重复 1000 次就是真理，因为当某种谣言重复出现时，大家就会把这个谣言当成通行的法则，当成了真实的情况。

（三）经验定势

经验定势是指人们处理新问题时不注意事物的新信息和偶然性，习惯按照自己已有的经验去做。我们生活在一个经验的世界里，从幼年到成年，人们看到的、听到的、感受到的、亲身经历了各种现象和事件，他们都不知不觉地进入我们头脑形成了丰富的经验。在一般情况下，经验让人们在处理问题时更加的得心应手，但也要看到经验是一种相对稳定的东西，因而又可能因为人们对经验的过分依赖乃至崇拜，形成了固定的思维模式，结果会削弱想象力和创造力，这就是所谓的"经验型思维定势"。中国古代的晏子曾说："橘生淮南则为橘，生于淮北则为枳"，二者结出的果实相似，但味道就差远了，那是由于水土不同的原因。西方也有一句含义相似的谚语："甲之蜜糖，乙之砒霜"（One's meet, another's poison）。由于受到时间和空间的局限，人类经验的有效运用范围，实际上是十分狭窄的。任何经验总是在一定时空范围中产生的，而往往也只适应于一定的时空范围。一旦超出这个范围，这种经验能否有效，就是值得思考的问题了。

相反，如果没有受到经验型思维定势的影响，就能够获得成功。20世纪50年代，美苏冷战期间航天领域有这样一个事例。以当时美国和苏联的科技水平来说，两个国家都具备将火箭送上太空的能力，实际上美国的技术水平要比苏联的稍高，但是当时有一个技术难点就是火箭推动力不够，摆脱不了地球的引力。这个问题在当时美苏双方的专家都是根据自己长期以来的实践经验，尽量设法增加所串联的火箭数量，以不断增强推动力，但是尽管火箭数量增加了，火箭的推力并不能足够将卫星送上太空。后来苏联的一位青年科学家突破了这一经验型思维定势，提出一个大胆的设想，就是只串联上面的两级火箭，下面使用20个火箭并联作为推动，经过严格的计算、论证和实践检验，这个办法获得了成功，这种方法能够极大地提高火箭的初始推动力和速度，在美国之前将人造地球卫星送入了轨道。

（四）书本型思维定势

现有的科学技术和文学艺术是人类数千年来认识世界、改变世界的经验总结，其中大部分都是通过书本传承下来的。因此，书本知识是人类的宝贵财富，对人类社会的文明发展起着极为重要的作用，值得一代代人认真学习与继续下去。但是，对于书本知识的学习，不能当作教条死记硬背，更不能作为万事皆准的绝对真理，从而形成书本型思维定势。

天文工作者勒莫尼亚在1750年到1769年间，曾先后12次观察到了天王星，但是有关天文学著作却一直认定，土星是太阳系最边缘的行星，太阳系的范围到土星为止。这一书本知识牢牢地束缚了勒莫尼亚，使他始终未能认识到，他所发现的这颗星也是太阳系的行星之一。直到十几年后，才最终由英国天文学家威廉·赫歇尔于1781年加以认定。

（五）非理性思维定势

非理性思维定势是指人们在思维过程中受非理性因素的影响而做出错误的判断和决定。能够影响思维的非理性因素有：感情、欲望、情绪、潜意识等。感情常常是无形的、暗中操纵着思维过程，使得人们无法觉察。当我们改变感情的时候，也就改变了外界事物的看法。因此，认识和把握非理性因素，对于企业经营具有重要意义。从某种角度讲，市场发展并不是一种理性过程，消费者也容易受非理性因素的支配。例如在营销过程中，企业会利用广告、降价、流行或言语暗示去激发顾客的购买性行为，让顾客产生非理性购买行为。

第三节　思维定势突破的策略

一、多角度思考问题

生活中大多数事情都横看成岭侧成峰。从多个角度看问题，才能看出立体感，看出更多真相。"一叶障目，不见泰山"，这种定势思维会极大限制人们思考问题。

曾经有人问爱因斯坦，他与普通人的思维的区别在哪里？爱因斯坦把普通人的思考比作一只在篮球表面爬行的甲虫，他们看到的世界是扁平的，而他的思考则像是一只飞在空中的蜜蜂，他看到的世界是全方位、立体的。事实上，爱因斯坦的相对论，就是对不同视角之间关系的一种解释。

二、形象化思考问题

文艺复兴时期，人类的创造性得到了迅速发展，这种发展与图画和图表对大量知识记录和传播密切相关。比如，伽俐略用图表形象地描绘出自己的思想，从而在科学上取得了革命性突破，而他的同时代人使用的还是传统的数学方法和文字方法。爱因斯坦也是如此，当他对一个问题做过全面思考以后，他往往会发现，用尽可能多的方式（包括图表）来表述思考对象是必要的，他的思想是非常直观的，他用的是直观和空间的思考方式，而不仅是纯数字或文字的推理方式。

三、善于创造

要突破思维定势的最重要的就是要善于创造。爱迪生一生拥有 1093 项专利，这个记录迄今无人打破。他给自己和助手确立了提出新想定额，以此来保证创造力，他还发表了 248 篇高质量的论文，其中最著名就是相对论的论文，他的个人定额是每 10 天一项小发明，每半年一项大发明。

四、独创性的组合

组合创新是突破思维定势一种重要方法，即根据已有的资源进行创造性的组合，从而诞生出更奇妙的东西。遗传学现代基因科学的创始人孟德尔就是把数学与生物科学组合在一起而创造出一种新的科学。西蒙顿在《科学天才》一书中提出，天才们进行新颖组合比仅仅称得上有才的人要多。就像面对着一堆积木的顽皮儿童一样，天才会在意识和潜意识中不断地把想法、形象和见解组合并重新组合成不同的形式。爱因斯坦并未发现关于光的能量、质量或速度的概念，而是以一种新颖的方式把这些概念重新组合起来。

五、在事物之间建立联系

达芬奇听到铃声和看到石头掉进水里泛进的时候，他得出了声音是造声波形式传播的结论经。发明电报的塞缪尔·莫尔斯在设法制造出强大的、能够越过大洲大洋的电报信号时一筹莫展，一天他看到拉车的马匹在驿站被换下来的情景，由此联想到了电报信号的中继站，于是他找到了解决方法：每隔一段距离就把电报信号放大。

六、从相对立的角度思考问题

从相对立的角度思考问题就是求异思维，即对司空见惯的似乎或观点反过来思考的一种思维方式，也就是"反其道而思考"，让思维向对立面的方向发展，从问题的相反面深入进行探索。司马光砸缸的就是一个很好的求异思维的案例。有人落水，一般的思维模式是"救人离水"，而司马光面对紧急险情，运用了相对立的逆向维，用石头把缸砸破，"让水离人"，救了小伙伴的性命。

七、量子思维

牛顿思维是主要针对客观存在的物质世界，认为物质的运动是连续的、渐进的、清晰因果关系和确定性的，这种思维方式认为一切都是客观存在的，不以人的意志而转变，一切都是可预测、有序进行的。而量子思维主要针对需要主观参与的事件，具有不连续性、跃迁、复杂人际因果关系和不确定性的特征。

量子思维有三大思维：一是结果思维，即首先要把想要的结果定下来，再倒逼我们的行动流程和方式。做正确的事+正确的去做事情=确定的结果，这是一种高效的行为模式。二是主体思维，主体指的是实践活动和认识活动的承担者。量子思维的主体带有强烈主观色彩，结果的达成和自己息息相关。三是关系思维，即关系是一张网，个体是这个网上的结点。在工作中，工作依赖于相互关系而存在，因为彼此的关系发挥作用，才能让"网"产生价值。

榜样的力量（二）——抉择的艺术

创业中，需要不断打破已有的思维惯性，根据现实及市场需要不断调整经营策略等，这需要对各种信息的敏锐把握以及灵活的经营头脑，"今尔"传媒公司的负责人王德伟的创业经历了几次转型和升级。

最初的他只是热爱摄影，想用镜头记录这个世界。虽然大学没有进入喜欢的摄影专业，但他一样认真学好自己的油画专业。由于绘画基础不错，王德伟得到了很多老师赏识，一位老师介绍他去一家幼儿园做墙体彩绘的工作。

有了这个令王德伟难忘和喜悦的第一份工作，一方面在校外继续接单挣钱，另一方面想办法参加各种社团活动，锻炼口才和组织能力、扩大人际交往圈子，为以后的创业积累了更多的能力和资源。

大二上学期，他又和一位老师合办起教育培训班。从找门面开始，到装修、招生；从原来的几个人发展到最后的 7 个教室 60 个学生，他第一次收获到创业从零做起的经验。

经历校外创业，想创办公司的王德伟又聚集了三个美术与设计学院有共同爱好的同学。一开始，他们想办一个纯摄影工作室。但因为没系统学过摄影知识，加上学校周围有专业摄影公司竞争，他们最终觉得这个想法不可行。"跨界联通"，将摄影与美术设计相结合，打造自己的特色，扩大竞争优势——一个新的想法在他脑海中浮现。接下来，他们在学校十几支团队申请和答辩中申请成功，并正式申请到了营业执照。但接下来的现实并没那么简单：公司起步资金和运转资金不足、没有办公场地、缺少法律知识、推广和运营方面也都存在问题，这让团队一时陷入困境。

"一开始创业，什么都想分一杯羹。不仅收益达不到预期，而且整个状态很累。后来经过调查和数据观察，我们发现图文传媒这块虽然算不上饱和，但也有几个做得挺知名了，我们的竞争优势比较小；而永川的墙绘品牌做得好的寥寥无几，软装修的需求又特别大。"王德伟回忆，"于是我们就瞄准了这块空白，从几个人的团队起家，决定在墙绘这个行业里扎根。"

目前的"今尔"传媒公司以墙体彩绘、航拍、摄影、设计为主要业务。从普通的网吧、餐厅，到乐和乐都墙绘工程；从陈子庄村庄、金龙镇普莲小学，到协信广场、碧桂园别墅区，王德伟与他近 30 人的专业团队已完成近千幅壁画、油画、国画作品，并获得重庆文理学院 2017 年度大学生创新创业奖学金，同时公司创立至今已与文理学院近两百名学子建立过合作关系。

现在，经验丰富的他早已熟悉公司的运作，忙碌、充实却也应对自如。"有时我们也会遇到拖欠款项、工时延误等问题，但考虑周全了就能避免，都属正常情况。"王德伟总结。他认为：没有错误的选择，只有错误的应对方式。

对未来，王德伟的脑海里已有了一张清晰的蓝图：近两年内，公司重在树立好名声和口碑，争取让永川人在选择墙绘时首先想到他们公司。然后下一步尝试向高端墙绘服务延伸，承揽更大业务、向外地发展等。他的终极目标是去全国各地走一走，将自己的墙绘作品推到更广大的天地。

而每走一步，他都会细心观察市场再采取行动——创业这几年的丰富阅历让他更缜密细致了。对墙绘市场，他充满信心，认为这个行业发展前景广阔。

【本章思考题】

1. 有一只长方体的容器，里面装了 5kg 的水。如何通过最简单的办法，让容器里的水去掉一半，使之剩下 2.5kg？

2. 曾经有人问爱因斯坦，他与普通人的思维区别在哪里？爱因斯坦回答说："如果让一个普通人在干草垛里寻找一根针，那个人在找到一根针后就会停下来，我则会把整个草垛掀开，把可能散落在草针全都找出来。"根据爱因斯坦的回答，你能想出多少种把草垛中针找出来的办法？

第三章　创新思维

创新区分谁是领导者，谁是追随者。

——乔布斯

第一节　创新思维的概念与特点

一、创新思维的概念

所谓思维就是大脑为了解决某个问题而进行不同维度的、有秩序的思考。不同维度和秩序就是我们常说的思维方式，构成思维有以下三个基本要素：

（1）智力。智力取决于基因和幼年期后天环境的影响与教育，即天赋与后天教育的统一。但相对来说，后天教育对智力的高低起着更加关键的作用。

（2）知识。知识是通过学习和社会实践而得到地对事物的认识，主指科学文化和社会经验等。

（3）才能。才能是人们有效地达到某种目的的心理能量。才能分为两部分：一部分是特殊才能，比如音乐、舞蹈、体育、绘画等，这与人的天赋有关，另一部分属于一般才能，与后天的教育实践有关。

思维是一种能力，是先天与后天的结合、学习与实践结合的综合能力。从思维三要素中我们看出其关系是：首先要具备学习的基础，也就是有一定的智力水平；其次要拥有一定量的知识与经验；最后还要懂得如何运和这些知识和经验。这三要素构成我们的思维能力。

那么，什么是创新思维呢？对于创新思维的定义和解释有很多，从狭义上讲是指创立新理论，道理新发明，塑造新艺术形象的思维活动；广义的创新思维，是指突破思维定势，寻找解决问题新思路的过程。创新思维是一种具有开创意义的思维活动，开拓人类认识新领域，开创人类认识新成果的思维活动，表现为发明新技术，形成新观念，提出新方案，创建新理论等。创新思维是创新能力的核心要素，是创业者的灵魂和发动机，在应对各种变化挑战时，展现出逻辑思维与非逻辑思维的重组，显现出智力因素和非智力因素的重合。

二、创新思维的特点

(一) 非逻辑性

创新思维绝不是按部就班的推理，而是跳跃性的突破。出人意料的创意往往是非逻辑思维的产物，爱因斯坦曾断言：创造并非逻辑推理之结果，逻辑推理只是用来验证已有的创造设想。

(二) 联想性

联想是将表面看来互不相干的事物联系起来，从而达到创新的界域。联想性思维可以利用已有的经验创新，如我们常说的由此及彼、举一反三、触类旁通，也可以利用别人的发明或创造进行创新。联想是创新者在创新思考时经常使用的方法，也比较容易见到成效。

(三) 发散性

发散性思维是一种开放性思维，其过程是从某一点出发，任意发散，既无一定方向，也无一定范围。它主张打开大门，张开思维之网，冲破一切禁锢，尽力接受更多的信息。可以海阔天空地想，甚至可以想入非非。人的行动自由可能会受到各种条件的限制，而人的思维活动却有无限广阔的天地，是任何别的外界因素难以限制的。创新思维的展开，遵循着由发散到收敛、再发散再收敛的探索过程进行的。

(四) 独创性

创新思维在创新活动过程中，尤其在初期阶段，独创性特别明显。它要求关注客观事物的不同性与特殊性，关注现象与本质、形式与内容的不一致性。英国科学家何非认为："科学研究工作就是设法走到某事物的极端而观察它有无特别现象的工作。" 创新也是如此。一般来说，人们对司空见惯的现象和已有的权威结论怀有盲从和迷信的心理，这种心理使人很难有所发现、有所创新。而求异性思维则不拘泥于常规，不轻信权威，以怀疑和批判的态度对待一切事物和现象。

(五) 综合性

综合性思维是把对事物各个侧面、部分和属性的认识统一为一个整体，从而把握事物的本质和规律的一种思维方法。综合性思维不是把事物各个部分、侧面和属性的认识，随意地、主观地拼凑在一起，也不是机械地相加，而是按它们内在的、必然的、本质的联系把整个事物在思维中再现出来的思维方法。美国在1969 年 7 月 16 日，实现了"阿波罗"登月计划，参加这项工程的科学家和工程师达 42 万多人，参加单位 2 万多个，历时 11 年，耗资 300 多亿美元，共用 700多万个零件。美国"阿波罗"登月计划总指挥韦伯曾指出："阿波罗计划中没有一项新发明的技术，都是现成的技术，关键在于综合。"可见，阿波罗计划是充分运用综合性思维方法进行的最佳创新。

第二节　创新思维的形式

创新思维是一门科学。它不仅要求人们更新观念，树立强烈的创新意识，还要求人们能熟练地掌握和运用科学的思维方法。方法得当，就为创新的成功奠定了基础。因此，人们必须十分重视对创新思维方法的训练，把它作为一项必不可少的基础建设。要制定切实可行的训练计划，做到循序渐进，打好基础。思维形式有许多，包括发散思维、质疑思维、逆向思维、直觉思维、灵感思维、横向思维等。

一、发散思维

发散思维是指沿着不同的方向、不同的角度思考问题，从多方面寻找解决问题的答案的思维方式。这种思维方式是由美国心理学家吉尔福特（J. P. Guilford）在《人类智力的本质》一书中提出的。它最根本的特点是，多方面、多思路地思考问题，而不是局限于一种思路、一个角度、一种方法。对于发散性思维来说，当一种方法、一个方面不能解决问题时，它会主动地否定这一方法、方面，而向另一方法、另一方面跨越。它不满足于已有的思维成果，力图向新的方法、领域探索，并力图在各种方法、方面中，寻找一种更好一点的方法、方面。比如发明家爱迪生在试制灯泡丝时，他使用了 3000 种不同的材料，一直找到成功为止。从中可见，发散性思维体现了思维的开放性、创新性，是事物普遍联系在头脑中的反映。发散性思维有多向思维和侧向思维。

二、质疑思维

质疑是人类思维的精髓，善于质疑就是凡事问几个为什么。用怀疑和批判的眼光看待一切事物。既敢于肯定，更敢于否定。对每一种事物都提出疑问，是许多新事物新观念产生的开端，也是创新思维的最基本思维方式之一。创新思维是以发现问题为起点的，爱因斯坦说过，系统地提出一个问题，往往比解决问题重要得多，因为解决这个问题或许只需要数学计算或实验技巧。当年，哥白尼看出了"地心说"的问题才有"日心说"的产生，爱因斯坦找出了牛顿力学的局限才诱发了"相对论"的思考。所有科学家、思想家可以说都是"提出问题和发现问题的天才"。

三、逆向思维

逆向思维是指与一般思维方向相反的思维方式，也称反向思维。逆向思维的突出特征是反向性。逆向思维的作用，一是突破正向思维的惯性，出奇制胜。二是从另一方向走向真理，发现规律。逆向思维的形式包括：

（1）原理逆向：是从事物原理的相反方向进行的思考。

（2）功能逆向：是按事物或产品现有的功能进行相反的思考。

（3）结构逆向：是从已有的事物的结构方式出发所进行的反向思考，如结构位置的颠倒、置换等。

（4）属性逆向：是从事物属性的相反方向所进行的思考。

（5）程序逆向或方向逆向：是颠倒已有事物的构成顺序，排列位置而进行的思考。

（6）观念逆向：必须有自己独特的观念。逆向思维的方法：一是还原分析法，是指先暂时放下当前的问题，回到问题的起点，分析问题的本质，从而另辟蹊径的创新方法。二是缺点逆用法，是指利用事物的缺点进行创新的方法。

四、组合思维

组合思维是指把多项貌似不相关的事物通过想象加以连接，从而使之变成彼此不可分割的新的整体的一种思考方式。组合思维的方法：

（1）主体附加法：它是指以某一特定的对象为主体，通过置换或插入其他技术或增加新的附件而使发明或创新诞生的方法。

（2）二元坐标法：就是借用平面直角坐标系在两条数轴上标点（元素），按序轮番地进行两两组合，然后选出有意义的组合的创新方法。

（3）焦点法：是以一预定事物为中心、为焦点，依次与罗列的各元素构成联想点，寻求新产品、新技术、新思想的推广应用和某一问题的解决途径。

（4）形态分析法：是通过对研究对象相关形态要素的分列和重新组合、全面寻求各种解决问题方案的方法。

（5）信息交合法：是根据课题的实际需要采用二元坐标法，母本轴、父本轴或以中心点按独立要素分别拉线，标出信息点进行组合，产生大量新观念（想法）、新方案、新技术、创造出更多新产品的方法。

五、互动思维

互动思维又称为头脑风暴法，是奥斯本在20世纪30年代末创新的一种激发集体智慧产生和提出创新设想的方法，他的原意为用脑力去冲击某一问题。作为一种创新方法，它在韦氏国际大词典中被定义为：一组人员通过开会方式就某一特定问题出谋献策，群策群力，解决问题。这种方法的特点是，克服心理障碍，思维自由奔放，打破常规，激发创新性思维活动，获得新观念，并创新性地解决问题。奥斯本创建此方法最初是用在广告的创新性设计活动中，取得了很大的成功，后来经过不断改进和完善，成了世界范围内应用最为广泛、最普及的集体创新方法，在技术革新、管理革新、社会问题处理、预测、规划等许多领域都显示了它的威力。

六、直觉思维

直觉思维只是在一瞬间完成的推理过程，实际上直觉思维是人们的潜思维的结果。潜思维是不能直接加以控制，而它却能独立地进行信息加工和整合思维的活动。运用直觉思维，必须有丰富的有关知识和经验。实际上，具有所思考问题的有关知识和经验是直觉思维的依据和基础。同时，还要充分估计到，直觉思维所提供的思维成功常常是不可靠的。在许多情况下，特别是在形势紧急需要当机立断的情况下，运用直觉思维有其必要性和重要作用，但不可轻率地相信它所提供的成功，对其成功还需要通过逻辑证明和实践活动认真严格地加以检验。大部分有创意的人都懂得直觉思维的重要性，他们先处理一些明显无用的信息后，面对有矛盾的地方，他们往往通过直觉下结论。

七、纵向思维

纵向思维是一种历时性的比较思维。是从事物自身的过去、现在和将来的分析比较中，发现事物在不同时期的特点及前后联系，从而把握事物及其本质的思维过程。纵向思维具有历时性、同一性和预测性。首先历时性揭示了事物的发展过程，对于那些周期性重复的事物，历时性考察尤为重要。同一性是指历时性所考察的事物必须是同一件事物，具有自身的稳定性和可比性，而不可将被考察对象在某一阶段，如现在和将来阶段进行交换，否则将使思维结果失真。既然纵向思维是由过去到现在，再由现在推断将来，因此它具有预测性。任何一个事物其本身有一个萌芽、成长、壮大、发展和衰亡的过程，并且在这个发展过程中可捕捉到事物的规律性，纵向思维就是对事物发展过程的反映。所以，纵向思维是我们在日常生活、形势分析、科学研究中经常用到的方法。

八、横向思维

横向思维与纵向思维不同，它是一种共时性的横断思维。横向思维截取历史的某一横断面，研究同一事物不同环境中的发展状况，并通过同周围事物的相互关系和相互比较中，找出事物在不同环境中异同的一种思维活动。横向思维具有同时性、横断性和开放性的特点。同时性就是把时间概念的范围确定下来，然后再研究在这同时过程中的各方面的相互关系。只有从时间上做了限定之后，才可以展开横向的比较和研究。横断性就是把研究的客体放到事物的相互联系中间去，放到"关系"中进行考察。横断性可以充分展开事物各方面的相互关系，从而能揭示出纵向思维过程中不易觉察的问题。开放性就是要求把自己置于越来越多的事物、关系的比较中来思考问题，参与比较的关系、方面越多，发现自己的优点和缺点也就越充分，所以横向思维总是处于不断开放的过程中，总是希望不断扩大自己同外界的联系，不断地输入、输出和转换，使自己增强活力，得到提高。

九、逻辑思维

逻辑思维是人在感性认识的基础上，以概念为操作的基本单元，以判断、推理为操作的基本形式，以辩证方法为指导，间接地、概括地反映客观事物规律的理性思维过程。逻辑思维的方法：

（1）演绎推理法：是由一般性前提到个别性结论的推理。按照一定的目标，运用演绎推理的思维方法，取得新颖性结果的过程。

（2）归纳推理法：从一般较小的知识推出一般性较大的知识的推理。在许多情况下，运用归纳推理可以得到新的知识。

（3）实验法：实验是为了某一目的，人为地安排现象发生的过程，据之研究自然规律的实践活动。

（4）比较研究法：可以简称比较，是通过比较两个或两个以上对象的同和异来获得新知识的方法。

（5）证伪法。

十、系统思维

系统思维是由相互联系、相互作用的若干要素组成的，具体特定功能和运用规律的整体。系统思维的方法：

（1）信息思维法：是信息论和系统论结合起来形成的一种科学研究方法，这种方法运用信息观点，把系统作为对象，借助系统对信息的获取、传送、处理、加工和输出，从而实现系统的最优化的目标。

（2）控制思维法：是要把对象或工作看作一个系统，然后按照施控系统（如决策、命令、方针、政策）对被控系统实施控制的思维方法。

（3）反馈思维法：是要把反馈控制方法纳入思维过程的方法。

（4）负熵思维法：是使处于开放状态的无序系统变为有序系统，也就是成为耗散结构状态的方法。

（5）协调思维法：是指人们从有效协调的高度，寻求系统各因素之间、系统与环境之间的共性，暂时搁置差异，排除干扰因素的思维方法。

第三节 创新思维的方法

创新意味着让思维冲破"牢笼",开发创造性思维。可是很多人却苦于走不出思维定势,面对创新时代需求只能徒叹奈何。那么,如何打破思维的创新"瓶颈",培养创新思维?

突破性的创意并不一定只是因为运气或偶然。创新思维也并不总是一种天赋,而是一种可以学习的技巧。在过去的时间里,人们一直沿用由苏格拉底、柏拉图和亚里士多德所创设的传统思维系统,这个思维系统以分析、判断和争论为基础。而水平思考法提供了一套有意识的、系统的创新思维方法。它赋予人们创造力和革新力的同时,有助于提高生产力和效益。

一、水平思考的概念

水平思考(Lateral Thinking)又译为"横向思维",是由享誉全球的著名思维大师、心理学家爱德华·德·波诺博士于 1967 年提出的,在心理学、生理学和哲学的基础上,开拓的一套思维工具体系,它是一种与垂直思考相对应的思维模式的新型思考方式。垂直思考法就是逻辑思考、垂直思维、纵向思维,是以逻辑与数学为代表的传统的思维模式,思考者是从信息的某个状况直接推演到另一个状况。最根本的特点是根据前提一步步推导,既不能逾越也不能出现步骤上的错误。这种思维方法在进行创意时,可以对事情做更深入的研究和表达,但不易产生新的创意。

而水平思考与垂直思考不同,《牛津英语大词典》是这样解释"水平思考"的:"以非正统的方式或者显然地非逻辑的方式来寻求解决问题的办法。"其中,关键的一个词是"显然地"。用常规的逻辑方法来看,水平思考方法看起来是"非逻辑"的,但是事实上这是源自模式运用系统的逻辑。在这种逻辑里,激发技巧就是必要的。对水平思考最简单的描述就是:"你不能通过把同一个洞越挖越深,来实现在不同的地方挖出不同的洞。"

水平思考打破人们常规的思考习惯,它不过多地考虑事物的确定性,而是考虑多种选择的可能性,关心的不是完善旧观点,而是如何提出新观点,不是一味地追求正确性,而是追求丰富性。因此,用水平思考方式提出的解决方案常常会独辟蹊径——关注价值重整、模式创新、理念突破、重新定位等。水平思考常见在人们的心目之中在人们遇到某些难题的时候,虽然难题看起来无解,但是一个突然发现的,简单到不可思议的方案却有可能让这个难题迎刃而解,事后看来简单的不可思议,为什么当初人都想不到呢?因为传统的逻辑思维能力,是按部就班、一步步地从起点到终点进行一条严密的逻辑路径,因为追求严密所以禁锢。

从这个角度上看，砸在牛顿头上的苹果，梦见蛇咬尾巴的苯环发明者，看到小狗转圈创作出小狗圆舞曲的音乐家，都是进行水平思考并获得丰硕成果的案例。所以，水平思考常常能为我们带来突破性的创意和解决问题的方法。比如美国汉斯番茄酱（玻璃瓶装），是老牌的经典番茄酱，它一直是领导品，但也曾面临危机。因为，竞争对手推出软管型包装，到最后一滴都可以轻松挤出，而汉斯番茄酱的特色就是装在有注册商标的玻璃瓶里，如果不将玻璃瓶倒立很难倒出来。无论是稀释产品配方，或是舍弃经典瓶身，都将影响多年建立的品牌形象，汉斯面临了重大考验。最后，他们两者都没选，而是决定推出一句隽永又绝妙的广告词：汉斯番茄酱即使摇晃也不易流出来，因为它使用了过多的番茄。这就是水平思考的很好的范例。

二、水平思维法的思考流程

水平思考是一套思考流程，要求我们按照步骤进行思考，把注意力锁定在一定的方向上，专注而严肃的创造。水平思考的步骤主要包括四个步骤。

（一）选择和定义问题焦点

爱因斯坦曾说，如果让我用一个小时的时间来拯救地球，我会用 59 分钟以找到问题所在，然后用 1 分钟时间把它解决。所以如果方向走错了，再努力也可能会南辕北辙。因此，解决问题最重要的是找准思考的位置和方向。水平思考的"焦点"，就是首先要找准问题的要害，一般可将焦点归为两类：其一是问题焦点，或称目的焦点，是指带着目的进行思考。比如"如何提升自我执行力？""怎样实现企业未来 3 年发展目标？"。其二是机会焦点，或称领域焦点，是指对那些没有出现明显问题的领域，也可以进行创新思考。机会焦点可大可小，如"就企业文化建设提出创意"或"就会议室的布置提出创意"。水平思考就是要通过定义问题的方法把问题找准，再进行进一步思考。当我们关注问题焦点时，我们必须明确问题焦点不存在唯一的正确性。从多个角度定义问题焦点，可以扩展解决问题的思路。

【拓展训练】

一家大型卖场的顾客抱怨卖场的停车场太小了。你若是卖场的管理者，将如何定义这个焦点呢？

可以从以下几个方面来定义：

- 如何扩大停车场的规模？
- 如何减少顾客对停车场的需求？
- 如何让停车场容纳更多的车？
- 如何让顾客对停车场的规模感到满意？

……

由此可见，对问题不同的角度看待，解决问题的创意也相应增多。

选择和定义问题焦点的方法是：

首先将问题焦点扩展，提出"我们为什么要解决这个问题?"再将每个理由变成"我们怎样解决这个问题?"

其次，将问题焦点缩小，提出"阻碍我/我们的是什么?""造成这一问题的因素有哪些?"再将这些影响因素变成"我们怎样针对这些因素进行改进?"如何定义焦点问题如图3-1所示。

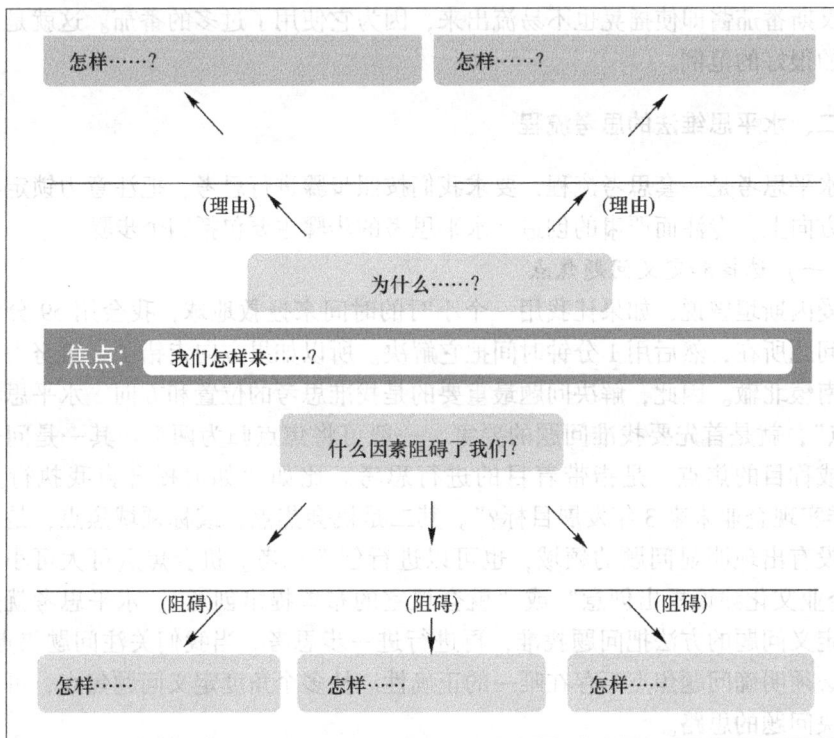

图3-1　如何定义焦点问题

【拓展训练】

问题焦点：我们怎样提高团队士气?

焦点扩展：

● 我们为什么要提高团队士气?

理由：

    ● 增加产量
    ● 留住人才

扩展出的问题：

- 我们怎样增加产量？
- 我们怎样留住人才？

缩小焦点：

- 什么因素阻碍了团队士气？

原因：

- 员工觉得没有得到认可
- 员工缺乏改进的动力
- 员工不明确的责任

相应得出的问题包括：

- 我们如何员工表现做出反馈？
- 我们如何激发员工改进动力？
- 我们如何让员工明确自己的责任？

（二）运用工具得出创意

人们头脑中不缺乏想法，但常常受到经验模式的约束。应用创造性思考工具将帮助我们跳出原有框架。水平思考中有四大思考工具，可以根据要选择其中一个或两个工具，帮助我们针对焦点问题产生尽可能多的主意。在这阶段，主要任务是思考出不同的解决方案，并不急于找到认为最好的方法。这四大创造性思考工具分别是"概念提取""挑战假设""随机输入""激发大脑"。

（1）概念提取。概念提取是从最先想到的主意开始，提取出一些概念，然后沿着这些概念进一步扩展，从而产生更多的主意。我们还可以提取更多的概念，再以这些新的概念为固定点，想出更多的新想法。想出一个主意并不是主要的，在这个主意上提取多种不同的新概念和替换方法，是概念提取思考工具的要点所在。

具体来讲，概念提取的6个步骤是：

1）选择一个焦点。

2）围绕焦点产生一个方法（主意）。

3）从这个方法中提炼概念。概念一般通过问"这个方法有什么作用呢？"这一问题得出的。

4）根据所提炼的概念产新的备选方案，即"还有其他方法来实现同样的概念（效果）吗？"

5）在每个概念的基础上添加新的主意。

6）对新的主意按步骤3）、4）、5）进行操作，可以产生更多创意。

【拓展训练】

问题焦点：减轻压力。

围绕焦点产生一个方法（主意）：减轻压力的一个方法是外出散步。

从这个方法中提炼概念：外出散步有什么作用呢？——锻炼身体。

根据所提炼的概念产生新的备选方案：锻炼身体的方法还有：游泳。

在每一个概念的基础上添加主意：锻炼身体还有举重、慢跑、爬山等方法，爬山可以提炼的概念是"亲近大自然"。

对新的主意按步骤3)、4)、5)进行操作，可以产生更多创意：还有什么样的亲近大自然的方式呢？外出散步还可以提炼出"转移注意力"的概念。你还有哪些转移注意力的方法呢？

（2）挑战假设。在解决问题的过程中，总会预设界限，这些界限会缩小尝试的范围，增加解决问题的难度。许多公司被过去的经验捆住了手脚，昨天成功的经验往往是明天成功的绊脚石。善于挑战的思维，是能够"如果它没坏，就用不着修理它"这句话，转变成"如果它没坏，那就打坏它"挑战能带来新的思考。

（3）随机输入。我们的大脑非常善于建立联系，它可以把两个看起来不相干的事物想方设法联系起来。随机输入就是充分利用大脑的这个特点，从看似与需要解决问题毫不相干的事物或物件着手，开拓出一条新思路。"如何改进产品包装"的例子，就是随机输入工具思考的过程。

随机输入的技巧简单易用，而且能够非常有效地帮助人们打破既有模式的束缚。它可以产生刺激、令人兴奋的主意。

在自我组织、模式创建的系统中，一旦某个模式被建立起来，你就可以轻而易举地沿着那个模式既有的轨道进行思考。要跳出那个既有的轨道来获取新的想法，非常困难。使用随机输入这一技巧就可以帮助我们为思考焦点打开新的思路。因此，随机输入在我们固有的想法重复出现，实在想不出新概念的时候效果尤其明显。

（4）激发大脑。激发大脑就是充分利用大脑的这个特点，从看似与需要解决问题不相干的事物或物件着手，开拓出一条新思路。比如阿基米德测量王冠体积的时候，一开始无法解决，后来他把洗澡时出现的现象和体积测量理论联系起来，从而创造性地解决了问题。激发大脑，在水平思考中称之为"PO"（见图3-2），它是水平思考里面最具魅力的创造力工具。

在图3-2中可以看出，人们平时的解决方案一般都是直接从 A 到 B，总是在常规的"主路"上思考和解决问题。一旦找到一个"PO"作为跳板，就容易跳到方案 C。由此，可以找到一个新的概念或主意，即找到了一条新的路径，从而就很容易找到相近的新路线或新方案。

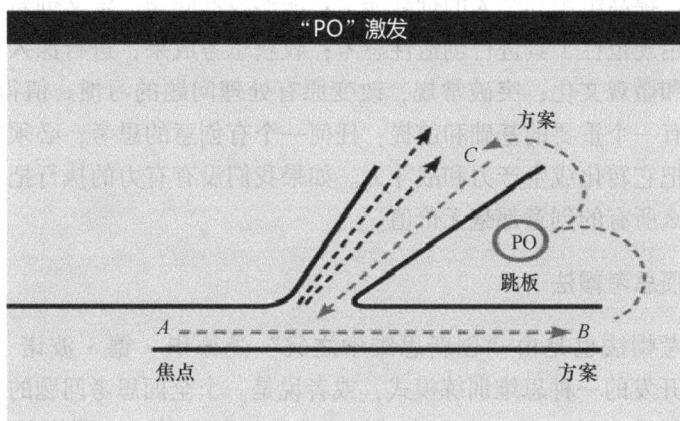

图 3-2 "PO"激发示意图

应用 "PO" 的关键是，先不要马上说 "不"，而是进行思维的探索，看看这样大胆的主意会把我们引领到哪个方向，从而在探索的过程中形成新的、更好的主意，进而增强主意的质量和可行性。

"PO" 让我们学会在对错之外进行更多思考，是除了肯定和否定之外还可以采取第三种态度 "PO" 来看待问题的方法。

（三）收获、加工和处理

在第（二）步骤中，我们想出了很多想法。有些想法看起来似乎可以实施，而有的想法太概括只是一个方向，有的只是雏形。我们可以对它们进行分类收获。之后对那些概念型想法和雏形想法进行再加工，使之具体化并容易实施。

（四）选择最佳方案

有了众多可选方案之后，我们可以对所有方案进行筛选，选择最突出的几个方案，然后对它们进行比较，并按照特定的要素进行评价。例如对需求、价值、资源、成本、可行性、法律等因素进行综合评价，最终挑选出最佳方案。

在这一步中，可以用六顶思考帽中的黄帽（价值）、黑帽（风险）、绿帽（严肃的创造力）为方案评估提供初步的方向：一个主意价值有多大？是否值得细化或者落地？可行性有多高？主要存在的风险是什么？有哪些不合适的地方？是否有新的替换方法来管控风险和降低成本？细化的方案应该是什么等。之后，再从需求、价值、可行性、可接受度、成本、风险、适合度和独特性等几个纬度，对初选出来的方案进行详细分析、打分和评估。其中 1 分为最低，10 分为最高。经过上述方法的详细和客观的评估，最后筛选出最佳方案。

水平思考是一套创造力训练工具，使我们学会创造性地看待问题和解决问题的流程和方法，产生新价值、提高个人和团队的竞争力。对于企业而言，其具体价值表现在：提高组织和个人的创新能力；能够找准问题、定义创新和需要努力的方向；应用规范性工具进行创造性思考；收获思考成果，进行深入开发；为创新提供平台和微观文化；突破常规，改变原有处理问题的习惯。值得注意的是，水平思考还有一个重要的基础和前提：任何一个有创意的思考，必须要善于组织和精于实施把它转化成生产力和战斗力。如果我们没有有力的执行把这些创意付诸实施，那么所有的创意都毫无价值。

三、六顶思考帽法

六顶思考帽法也是由"创新思维学之父"爱德华·德·波诺（Edward de Bono）博士开发的一种思维训练模式，或者说是一个全面思考问题的模型。它提供了"平行思维"的工具，避免将时间浪费在互相争执上。强调的是"能够成为什么"，而非"本身是什么"，是寻求一条向前发展的路，而不是争论谁对谁错。运用德博诺的六顶思考帽，将会使混乱的思考变得更清晰，使团体中无意义的争论变成集思广益的创造，使每个人变得富有创造性。六顶思考帽在政府、企业和个人的决策中受到了广泛的肯定，在微软、杜邦、IBM、麦当劳、可口可乐、通用等著名企业中都得到了成功的运用。

六顶思考帽，是指使用六种不同颜色的帽子代表六种不同的思维模式。任何人都有能力使用以下六种基本思维模式：

（1）白色思考帽。白色是中立而客观的。戴上白色思考帽，人们思考的是关注客观的事实和数据。使用白帽思维时将注意力集中在平行地排列信息上，要牢记三个问题：我们现在有什么信息？我们还需要什么信息？我们怎么得到所需要的信息？这些信息的种类包括确凿的事实、需要验证的问题，也包括坊间的传闻以及个人的观点等等。如果出现了意见不一致的情况，可以简单地将不同的观点平行排列在一起。如果说这个有冲突的问题尤其重要，也可以在稍后对它进行检验。

白色思维可以帮助你做到像电脑那样提出事实和数据；用事实和数据支持一种观点；为某种观点搜寻事实和数据；信任事实和检验事实；处理两种观点提供的信息冲突；评估信息的相关性和准确性；区分事实和推论；明确弥补事实和推论两者差距所需的行为。

（2）红色思考帽。红色是情感的色彩。戴上红色思考帽，人们可以表现自己的情绪，人们还可以表达直觉、感受、预感等方面的看法。它既不是事实也不是逻辑思考；它与不偏不倚的、客观的、不带感情色彩的白帽思维相反。红帽思维就像一面镜子，反射人们的一切感受。

使用红色思维时无须给出证明，无须提出理由和根据。红色思维可以帮你做到：你的情感与直觉是什么样，你就怎么样将它们表达出来。在使用红帽思维时，将思考时间限制在30秒内就给出答案。红帽的问题是：我对此的感觉是什么？

（3）黑色思考帽。戴上黑色思考帽，人们可以运用否定、怀疑、质疑的看法，合乎逻辑的进行批判，尽情发表负面的意见，找出逻辑上的错误。使用黑帽思维的主要目的有两个：发现缺点，做出评价。思考中有什么错误？这件事可能的结果是什么？黑帽思维有许多检查的功能，我们可以用它来检查证据、逻辑、可能性、影响、适用性和缺点。

通过黑色思维也可以让你做出最佳决策；指出遇到的困难；对所有的问题给出合乎逻辑的理由；当用在黄色思维之后，它是一个强效有力的评估工具；在绿色思维之前使用黑色思维，可以提供改进和解决问题的方法。总而言之，黑帽子问的是"哪里有问题"。

（4）黄色思考帽。黄色代表价值与肯定。戴上黄色思考帽，人们从正面考虑问题，表达乐观的、满怀希望的、建设性的观点。在使用黄色思维时，要时刻想到以下问题：有哪些积极因素？存在哪些有价值的方面？这个理念有没有什么特别吸引人的地方？这样可行吗？

通过黄色思维的帮助，可以让我们做到深思熟虑，强化创造性方法和新的思维方向。当说明为什么一个主意是有价值的或者是可行的，必须给出理由。黄帽的问题是"优点是什么"或"利益是什么"。

（5）绿色思考帽。绿色代表茵茵芳草，象征勃勃生机。绿色思考帽寓意创造力和想象力。具有创造性思考、头脑风暴、求异思维等功能。使用绿色思维时，要时刻想到下列问题：我们还有其他方法来做这件事吗？我们还能做其他什么事情吗？有什么可能发生的事情吗？什么方法可以克服我们遇到的困难？绿色思维可以帮助寻求新方案和备选方案，修改和去除现存方法的错误；为创造力的尝试提供时间和空间。

绿色思维激发行动的指导思想，提出解释，预言结果和新的设计。使用绿色思维，我们寻找各种可供选择的方案以及新颖的念头。用一句话来说，与绿色思维密切相关的就是"可能性"。"可能性"也许就是思维领域中最重要的词语。可能性包括了在科学领域使用假设的工具。可能性为人类感知的形成、观点与信息的排列提供了一个框架，包括了不确定性的存在，可能性也允许想象力的发挥。绿色思维提出了"我们有什么样的想法"的问题。

（6）蓝色思考帽。蓝色思考帽负责控制和调节思维过程。负责控制各种思考帽的使用顺序，规划和管理整个思考过程，并负责做出结论。蓝色思维常在思维的开始、中间和结束时使用。能够用蓝帽来定义目的、制定思维计划、观察和做结论，决定下一步。使用蓝色思维时，要时刻想到下列问题：议程是怎样的？我们下一步怎么办？现在使用的是哪一种帽子？怎样总结现有的讨论？决定是什么？

蓝色思维可以让你发挥思维促进者的作用，集中和再次集中思考，处理对特殊种类思考的需求，指出不合适的意见，按需要对思考进行总结，促进团队做出决策。用蓝帽提问的是"需要什么样的思维""下一步是什么""已经做了什么思维"。

六项思考帽的六种思考问题的角度是我们在处理问题时都可能用到的，但是如果同时运用这六个角度就可能顾此失彼，六项思考帽要求我们在同一个时间思考一个角度，比如我们想要知道一个事件的相关信息，就可以戴上红色思考帽，想要找出一个事件的潜在风险，可以戴上黑色思考帽，如果想知道一个事件的价值则可以戴上黄色思考帽，想寻找解决一个事件的新方法可以戴上绿色思考帽，而要从宏观角度看待问题，做出公正的裁决，则戴上蓝色思考帽，这六项思考帽可以分为三组：白色和红色，黑色和黄色，绿色和蓝色，这两两相对的思考方式，可以帮助我们更全面的分析看待问题。

四、奥斯本检核表法

亚历克斯·奥斯本是美国创新技法和创新过程之父。1941 年，他出版《思考的方法》提出了世界第一个创新发明技法"智力激励法"。1941 年出版世界上的第一部创新学专著《创造性想象》，提出了奥斯本检核表法。

（一）基本概念

奥斯本检核表法是以该技法的发明者奥斯本命名的一种创新技法，它按照事物的九个方面依次提出设问，将设计的课题向九个方面进行发散，看能否提出创造性构想的方法。

检核表技法原先仅作为智力激励法的辅助工具，供会议主持人引导发言用。后来在实践中发现这个表不仅能够对怎么提问作为示范，而且还能启发和产生大量的创造性设想，从而演变为一种创造技法。

奥斯本检核表法是一种具有较强启发创新思维的方法。这是因为它强制人去思考，有利于突破一些人不愿提问题或不善于提问题的心理障碍。提问，尤其是提出有创见的新问题本身就是一种创新。它又是一种多向发散的思考，使人的思维角度、思维目标更丰富。另外核检思考提供了创新活动最基本的思路，可以使创新者尽快集中精力，朝提示的目标方向去构想、去创造、创新。

奥斯本检核表法有利于提高发现创新的成功率：创新发明最大敌人是思维的惰性。大部分人思维总是自觉和不自觉沿着长期形成的思维模式来看待事物，对问题不敏感，即使看出了事物的缺陷和毛病，也懒于去进一步思索不爱动脑筋，不进行积极的思维，因而难以有所创新。因为，检核表法的设计特点之一是多向思维，用多条提示引导你去发散思考。如奥斯本创造的检核表法中有九个问题，就好像有九个人从九个角度帮助你思考。你可以把九个思考点都试一试，也可以从中挑选一、两条集中精力深思。检核表法使人们突破了不愿提问或不善提问的心理障碍，在进行逐项检核时，强迫人们思维扩展，突破旧的思维框架，开拓了创新的思路，有利于提高了发现创新的成功率。

（二）实施步骤

奥斯本检核表法的实施有以下三个步骤：

第一步：明确问题：根据创新对象明确需要解决的问题。

第二步：检核讨论：根据需要解决的问题，参照表中列出的问题，运用丰富想象力，强制性地一个个核对讨论，写出新设想。

第三步：筛选评估：对新设想进行筛选，将最有价值和创新性的设想筛选出来。

检核表法的实施过程要注意：

（1）要联系实际一条一条地进行核检，不要有遗漏。

（2）要多核检几遍，效果会更好，或许会更准确地选择出所需创新、发明的方面。

（3）在检核每项内容时，要尽可能地发挥自己的想象力和联想力，产生更多的创造性设想。进行检索思考时，可以将每大类问题作为一种单独的创新方法来运用。

（4）核检方式可根据需要，一人核检也可以，三至八人共同核检也可以。集体核检可以互相激励，产生头脑风暴，更有希望创新。

（三）检核内容

奥斯本检核表共有 9 类 75 个问题，启发我们提出问题和思考问题，使思路沿着正向、侧向、逆向及合向发散开来。因此，它的侧重点是提出思考问题的角度，它的核心是启发和发挥联想的力量，下面是它的内容：

（1）能否他用：有无新的用途？是否有新的使用方式？可否改变现有使用方式？

夜光粉是一种用量少、用途不算广的发光材料，过去多用于钟表和仪表上。后来人们扩大了它的用途，把它制成夜光纸，贴在夜间或停电后需要指示的其位置的地方，如电器开关处、公路转弯、楼梯扶手上等。同样，当伦琴发现 X 光，并没有预见这种射线的任何用途，现在人们通过扩大的它的用途，现在人们不仅用 X 光来治疗疾病，外科医生还用它来观察人体的内部情况。

（2）能否借用：有无类似的东西？利用类比能否产生新观念？过去有无类似的问题？可否模仿？能否超过？

泌尿外科医生在泌尿科中引入微爆破技术消除肾结石，就是借用了其他领域的创新。

（3）能否扩大：可否增长什么？可否附加些什么？可否增加使用时间？可否增加频率、尺寸、强度？可否提高性能？可否增加新成分？可否加倍？可否扩大若干倍？可否放大？可否夸大？

1898 年，亨利·丁根把滚柱轴承中的滚柱改成圆球，发明了滚珠轴承，大大降低了摩擦力。

（4）能否缩小：可否减少些什么？可否密集、压缩、浓缩、聚束？可否微型化？可否缩短、变窄、去掉、分割、减轻？可否变成流线型？

1952 年，海牙的马德罗丹公园开园，占地面积 1.8 万平方米，用 1∶25 的比例微缩荷兰典型建筑和城乡景观，因此又被称作"海牙小人国"。得益于此的启示，我国深圳锦绣中华园将中国的名山大川和人文古迹以微缩模型的方式展现出来，取得了轰动性的成功，开业一年就接待了超过 300 万的游客，1 亿元的投资仅用一年的时间就全部收回。

（5）能否改变：可否改变功能、颜色、形状、运动、气味、音响、外形、外观？是否还有可改变的可能性？

（6）能否代用：可否代替？用什么代替？有何别的排列、成分、材料、过程、能源、音响、颜色、照明？

（7）能否调整：可否变换？有无互换的成分？可否变换械式、布置顺序、操作工序、因果关系、速度或频率、工作规范？

（8）能否颠倒：可否颠倒？可否颠倒正负、正反、头尾、上下、位置、作用？

（9）能否组合：可否重新组合？可否尝试混合、合成、配合、协调、配套？可否把物体组合、目的组合、特性组合、观念组合？

值得注意的是，奥斯本检核表法，可以产生大量的原始思路和原始创意，它对人们的发散思维，有很大的启发作用。当然，运用此方法时，还要注意它要和具体的知识经验相结合。奥斯本只是提示了思考的一般角度和雷诺考特，思路的发展，还要依赖人们的具体思考。运用此方法，还要结合改进对象（方案或产品）来进行思考。运用此方法，还可以自行设计大量的问题来提问。提出的问题越新颖，得到的主意越有创意。

奥斯本检核表法的优点很突出，它使思考问题角度具体化了。它也有缺点就是它是改进型的创意产生方法，必须先选定一个有待改进的对象，然后在此基础上设法加以改进。它不是原创型的，但有时候，也能够产生原创型的创意。比如，把一个产品的原理引入另一个领域，就可能产生原创型的创意。

第四节　大数据时代的创新思维

"大数据"是从英语"Big Data"一词翻译而来的。大数据这一概念在近几年逐渐被人们所熟知，并为全球各大企业所重视。简单来说，大数据是一种巨量资料库，可以在合理时间内达到撷取、管理、处理并整理为帮助公司、企业经营和决策的信息。最早提出大数据时代到来的是全球知名咨询公司麦肯锡，麦肯锡称："数据，已经渗透到当今每一个行业和业务职能领域，成为重要的生产因素。人们对于海量数据的挖掘和运用，预示着新一波生产率增长和消费者盈余浪潮的到来。"大数据在物理学、生物学、环境生态学等领域以及军事、金融、通信等行业存在已有时日，却因为近年来互联网和信息行业的发展而引起人们关注。

维克托迈尔-舍恩伯格和肯尼斯克耶编写的《大数据时代》中提出，大数据的4V特征是规模性（Volume）、时效性（Velocity）、多样性（Variety）、价值性（Value）。

（1）规模性（Volume）：随着信息化技术的高速发展，数据开始爆发性增长。大数据中的数据不再以几个GB或几个TB为单位来衡量，而是以PB（1千个T）、EB（100万个T）或ZB（10亿个T）为计量单位。它不是样本思维，而是全体思维。大数据不再抽样，不再调用部分，要的是所有可能的数据，它是一个全貌。

（2）时效性（Velocity）：这是大数据区分于传统数据挖掘最显著的特征。大数据与海量数据的重要区别在两方面：一方面，大数据的数据规模更大；另一方面，大数据对处理数据的响应速度有更严格的要求。实时分析而非批量分析，数据输入、处理与丢弃立刻见效，几乎无延迟。数据的增长速度和处理速度是大数据高速性的重要体现。比如在百度输入一条查询信息，后台必须经过大量计算迅速呈现，而不是一个小时后才看到结果。随着信息技术的高速发展，数据开始爆发性增长。社交网络（微博、推特、脸书）、移动网络、各种智能工具，服务工具等，都成为数据的来源。淘宝网近4亿的会员每天产生的商品交易数据约20TB；脸书约10亿的用户每天产生的日志数据超过300TB。迫切需要智能的算法、强大的数据处理平台和新的数据处理技术，来统计、分析、预测和实时处理如此大规模的数据。

（3）多样性（Variety）：这种典型的多样性也让数据被分为结构化数据和非结构化数据。相对于以往便储存的以数据库或文本为主的结构变化数据，非结构化数据越来越多，包括网络日志、音频、视频、图片、地理位置信息等。这些多类型的数据对数据的处理能力提出了更高要求。

（4）价值性（Value）：尽管企业拥有大量数据，但是发挥价值的仅是其中非常小的部分。大数据背后潜藏的价值巨大。由于大数据中有价值的数据所占比例很小，而大数据真正的价值体现在从大量不相关的各种类型的数据中，挖掘出对未来趋势与模式预测分析有价值的数据，并通过机器学习方法、人工智能方法或数据挖掘方法深度分析，并运用于农业、金融、医疗等各个领域，以期创造更大的价值。

大数据时代对人类有着至关重要的影响，改变着人类经济和生活的各个方面，改变科学研究的途径。因此，大数据思维甚至将成为改变未来社会的重要力量。大数据时代呈现出以下几种创新思维形式。

在瞬息万变的商场中，唯有变化本身是不变的。市场、企业、客户都在这个社会转型期经历着剧烈的变化。很难想象未来有什么新生事物异军突起。为了求变图存，每个行业、每个企业都在探索着生存之道。商场如战场，博弈中，双方都希望获胜，都在运用大数据进行数学推算和心理揣摩。有时推测正确，赢得胜利；有时推测错误，就导致失败。所以，博弈不是单方面的想法和行动，而是对立双方之间的互动，是双方做出科学、巧妙策略的大数据对决和数学推演。同时，博弈方法需要借助一定的心理分析，既然博弈双方的实力是公开的，那么可以根据双方以往交手的情况，揣摩对方现在的心理，这是一场心理的较量。

博弈思维法是思维方法中比较复杂、难以把握的一种。它具有理论上的多样性和行动上的一次性特点。也就是说，在做出决策之前，思维主体要尽可能地考虑事物可能出现的一切情况，并加以分析、对比，最后选择一种最佳方案付诸实施。一旦实施，无论对错都无法挽回，只有一拼了。博弈方法与其他思维方法的不同之处在于，它借助于概率论统计学、组合论等数学理论，具有较强的自然科学性，也具有较大的难度。在很多情况下，它是运用大数据、数学大公式的推演，是算法、数学模型的应用。

一、定律思维

大数据中潜伏着很多潜在的规律，只有找到这些规律，大数据才有价值。在大数据中，有两个较为突出的定律：一秒定律和摩尔定律。一秒定律指的是处理速度有要求，一般要在秒级时间给出准确的分析结果。摩尔定律指的是简单地评估出半导体技术进展的经验法则，其重要的意义是对于长期来说的，IC 制程技术是以一直线的方式向前推展，使得 IC 产品能持续降低成本，增加功能和提升性能。

大数据时代正聚集改变的能量，其定律也在发生着一定的变化。大数据已经显示出三个规律：第一个规律是知其然而不知其所以然，外行打败内行；第二个规律是彻底的价格歧视，商家比你更了解你自己；第三个规律是打破专家的信息优势，病人给医生解惑。

二、幂律思维

幂律是大数据所遵循的基本定理，这项研究成果给人们一个能够预测未来的依据。所谓幂律是指几何平均定值，如有一万个连线的大节点有十个，有一千个连线的中节点有一百个，一百个连线的小节点有一千个……在对数坐标上画出来会得一条向下的直线。

19 世纪经济学家维弗雷多·帕累托发现：大多数人都是贫穷的，只有少数人积累了大部分财富，富人的出现并不令人吃惊。令人吃惊的是，富人的富有程度，远远超过财富随机分配的一般水平。在大数据时代，如果没有数据分析的力量，谷歌和雅虎就不可能有数以万亿的点击率，比尔·盖茨也不可能聚集如此之多的财富，幂律分布就能预测出，告诉人们总有严重偏离平均值的异常值。

幂律和爆发点是相伴相生的，一旦幂律出现，爆发点也就会随之出现，人类的行为都遵循着幂律的法则。牛顿的万有引力定律之所以有极大的影响力，主要是能够对行星、火箭以及卫星的运行轨迹，起到预测的作用。

三、邮件思维

邮件作为网络营销中最早、最广泛应用的手段之一，邮件营销以低成本、高效率和富有针对性等特点得到了人们的认可。

随着网络营销的深入挖掘，用户们逐渐开始重视基于数据价值挖掘的邮件。Focussend 的市场总监 Rebecca 这样说道："基于数据价值挖掘的邮件营销是未来的趋势，通过对用户的行为进行分析，以此实现持续的优化，以达到提升邮件营销的效果。目前，基于数据的邮件营销可以通过与企业 CRM 系统、数据库系统的结合，来实时获得用户信息，建立个性化的邮个营销。"

四、价值思维

大数据就是资源，如同空气、水、石油、煤炭一样，其价值不言而喻。网络用户每点击一次鼠标，每一次刷卡消费，实际上都已经参与了数据的生成。可以说，每个用户都是数字的生产者和消费者。

在金融领域方面，大数据分析师已经成为在美国华尔街基金股票分析和高频数据交易等领域最抢手的人才。在我国，阿里巴巴集团旗下的金融业务，也开始用大数据来发放"信用贷款"。甚至有人预言：谁拥有对大数据的超强发掘能力，谁就能占领下一个十年全球经济发展的制高点。大数据的价值可见一斑。我国已经搭建起中小企业信息平台，汇集了几千万家中小企业信息数据。通过对企业数据信息的深度挖掘和分析，能够对经济运行的状况进行准确的预警，从而做出正确的应对决策。大数据时代带来了比以往机会更大的发展空间。

五、导向思维

没有导向思维，就没有前进的动力和方向。没有大数据导向思维，就没有成功的可能性。有了导向思维后，一切才会有规律地发展和进步。当下火爆的淘宝、天猫等，如果不是因马云的导向思维，也不会有今天的互联网地位。当然，马云的成功更离不开大数据。有了它，一切才变得更有意义。如今各种媒体都快速发展着，在满足普通大众个性化需求的同时，各个企业以大数据为导向的盈利模式也开启了。

六、冲击思维

大数据对人类的生活和工作到底有什么冲击？阿里巴巴创始人马云耗时十多年建立了支付宝。支付宝表面上看起来牢不可破，且为人们带来了很多便利。可在大数据飞速发展的今天，任何事情都有可能发生。就在 2014 年春节，腾讯发起了微信红包。无疑，这对支付宝的"统治"地位形成了冲击。有了第一次冲击，就会有第二次，……面临着互联网的一次次冲击，微软也无奈宣布向手机和平板电脑厂商免费提供视窗操作系统，以此来抵抗谷歌的安卓操作系统。

阿里巴巴入股新浪微博，获取了更多社交平台没有的数据，用来预测用户需求的趋势，并在生产，供应链、库存、物流等环节反映出来，把握整个商业社会律动的脉搏。通过整合各方，如阿里云、淘宝网、天猫、支付宝平台等资源优势，实现资源共享与数据链互通，创造海量的商业价值和财富。在互联网的冲击之下，已经淘汰了很多行业。互联网不仅是一个创造价值的领导者，还是一个毁灭性极强的领导者，在其面前，传统商业模式显得不堪一击。

比如小米手机的出现，对传统的手机厂商形成巨大的冲击。其实，小米的模式如同它的名字，特别简单，就是互联网硬件免费的概念。又如微信的出现，但凡安装微信的手机用户，绝不会频繁地发短信或打电话，因为微信的方便程度是显而易见的。

大数据的冲击表现在以下三个方面：

（1）大数据正以无限的增长，突破有限的增长。传统经济发展方式是有限的物质财富和自然资产是有限的。

（2）大数据正以效益递增突破原有模式。传统的发展方式成本高、效益低下，而在大数据时代，投入的成本较低，回报的节奏快、效益高。

（3）大数据是和谐共赢的，它突破了对立和矛盾的发展。因为大数据所包含的东西是可以复制、递增，甚至是共享的。

榜样的力量（三）——办法总比问题多

创业中，应善于运用各种创新方法与工具，以灵活适应不同的市场和人群需要，只有专业细致的态度才能在市场站稳脚跟。

重庆文理学院电子电气工程学院 2016 级的张磊，根据大学生手机更换频率很快、二手手机闲置增多的现象萌生了创立二手手机一站式服务的想法。2018年，他和李嘉玲在老城区创立了店铺"小爱优品"，以过硬的专业技能和全方位服务，让顾客享受到一次性完成处理二手手机的便捷服务。小小的店面里摆满了维修手机或电子产品的工具，像显示器、万用表、焊枪、起电器等，拥有手机的回收销售、置换、维修、扩容、维护、换电池、解锁 ID、换膜等功能。团队成员穿着蓝色调为主的长款工作装，显得正式而专业。

从开始到现在，他们一直在发现问题、渡过难关的无限循环中度过。

创业初期，策划与想法一切俱备，只差东风——启动资金。他们四处借钱，暂且补上了漏洞。"后来，手机囤积量有点大，资金流动不起来，差点儿卡死。"张磊说，"我们又四处找各种渠道，通过找重庆回收公司、找有门面的永川朋友和石柱爱尚数码的朋友，终于解决掉了。"

接下来，问题与漏洞又接踵而至，让团队有些目不暇接。

市场浮动很大怎么办？用最快速度出掉，以最快速度回收。

AB 区来回跑不方便怎么办？充分利用团队人员，AB 区分工合作。

缺乏管理经验怎么办？抽出空闲时间学习管理。

各种节假日爆单（库存积压）怎么办？沟通、熬夜，一人多用。

售后服务漏洞极大怎么办？二十四小时在线服务，保修期延长半年，旨在让客户安心。

如此多困难的情形下，团队并不慌张，甚至没想过是否会失败，他们把所有精力都放在如何快速解决问题上。"都在想赶快出掉二手手机，下次不能这么操作了。"张磊回忆。

所有的问题，在他们看来都不算大问题。"只要肯花时间和精力、努力做就行。失败了，重新再来就是。不用怕，只会亏点钱，也不会一下子就亏到人都没了。"张磊说。他认为，只要团队在一起，人心齐，就不算失败。"人在基础就在。不是你不行，只是没尝试，没把自己逼到某个地步。必须不达目标，誓不罢休。"张磊说。

团队很少聚在一起吃饭，就算吃饭也多是谈工作的事；在濒临破产的时候，他们依旧不急不躁，保持冷静。

2018 年 4 月 1 日，团队成员开始培训业务知识，包括手机机型、成色判断、检测项目、回收报价、市场行情、回收处理、置换条件、价格表制作、提成讲解、售后处理等技能培训，并将团队分为运营维护组、销售组、引流组（引导流量，相当于增加更多客户关注）、技术组和售后组；5 月 15 日，他们开始面向永川各大高校以及全国进行二手手机系列服务；通过咸鱼（淘宝二手货交易平台）、转转（二手交易 APP）、微信、QQ、朋友圈转发，以及发传单进行宣传，开展一元贴膜活动，引流数百人。同时，他们决定在 6 月进行一次价格调整和人员调整，再次培训。

2017 年 10 月中旬，团队总计销售二手手机 150 台、回收 90 余台、维修 60

余台；11月开展冲销量（在短时间通过营销手段快速提高销量）活动，提高回收价、降低销售价格并且还有活动礼品，再次销售200余台二手手机，回收70余台、维修30余台，销售额达42万元。

如今团队已顺利运营，并扩大为十几人的阵容，张磊、杨杨、李嘉玲三人也获得2018年度大学生创新创业三等奖学金。

团队走上正轨后，张磊依旧没有停下自我学习的脚步，又了解了很多创新创业的知识。因为他想努力提高团队的营销业绩、盈利率，让人人都能有所得，将公司做得越来越正规。

【本章思考题】

1. 红色是中国色，想一想除了红灯、红旗等之外，红色还可以用在哪里、做什么、能实现哪些目的，想得越多越好。

2. 根据手电筒需要解决的问题，参照奥斯本检核表中列出的问题，运用丰富的想象力，强制性的一个个核对讨论，写出尽可能多的设想。

第四章　创业机会开发与评估

> 思维世界的发展，在某种意义上说，就是对惊奇的不断摆脱。
>
> ——爱因斯坦

第一节　创业机会的来源

一、创业机会的概念

创业是以机会为基础，创业机会是创业和机会的组合，机会即有利的关键时机，创业则指创业者对自己拥有的资源或通过努力把拥有的资源转变成可行的、有价值的事业。因此，创业机会是指具有较强吸引力的、较为持久的有利于创业的商业机会，创业者根据创业机会可以为客户提供有价值的产品或服务，并同时使创业者自身获益。

创业机会不等同商业机会，商业机会不一定是创业机会。普遍意义上的商业机会包含着创业机会，但商业机会中只有很小一部分是创业机会。创业机会比一般商业机会更具有创新性甚至创造性，创新性强的创业机会容易形成竞争优势，有利于创业活动的成功。

商业机会是指产生利润的机遇，即是有利于某个商业活动主体获得某种商业利益的一组条件的形成。按照非瓦尔拉斯经济学的观点，市场上的供给和需求多数都不能"出清"，即供求不可能均衡。当市场上某种需求没有被满足时，就意味着出现了商机。商业机会分为两类，一是短暂性的商机，往往昙花一现，称为一般性商机；二是可持续发展且不需要较多起始资金的商机，这才是适合创业的商业机会。创业机会是一种特殊的商业机会，是可以引入新产品、新服务、新原材料和新组织方式，并能以高于成本价出售的情况。对于大多数大学生来说，轻资产、小团队加上能开发出产品的创意才是真的创业机会。

二、创业机会的特征

创业机会是适合创业的商业机会，是具有商业价值的创意。创业机会具备五大特征，即吸引性、盈利性、时效性、适应性、资源可获得性。

（一）吸引性

创业机会首先必须吸引客户，也就是说该创业机会所产生的产品或服务必须能够使消费者产生兴趣，满足消费者的某一潜在需求，给消费者带来价值。例如，"滴滴打车"的出现，就是深刻认识到变革的打车模式会对消费者产生极大吸引力，并且给消费者带来省时省力省钱的价值。

（二）盈利性

创业的本质是商业活动，商业活动是以盈利为目的，因此，盈利性是创业机会存在的根本。创业者通过开发该创业机会能够获利，该创业机会才有意义。创业机会是否具备盈利性是创业机会是否可行的重要因素之一。例如，"拼多多"等资源共享平台的创业项目，盈利模式是该类型创业项目的负责人首先需要思考的。

（三）时效性

古人云：机不可失，时不再来。用来形容创业机会非常贴切，创业机会是动态变化、具有偶然性的，稍纵即逝。因此，创业机会必须在有效的时间内被识别并开发，以最快的速度将产品或服务得以创造，投入市场。可见，把握时机非常重要。

（四）适应性

不同的时代，不同的地区，具有不同的商业环境，创业机会也被赋予不同的色彩。因此，创业机会必须适应当下的商业环境，不是一以贯之。例如，在北京、上海和广州地区炙手可热的"ofo共享单车"，在重庆市推广非常不理想。因为，重庆地势由南北向长江河谷逐级降低，西北部和中部以丘陵、低山为主，不适合以单车作为交通工具。

（五）资源可获得性

创业项目不是凭空想象，创业机会不只是创意，创业者必须具备一定的资源或整合优化资源的能力，能够通过开发创业机会将创业项目落地。例如资金、技术、场地，等等。

三、创业机会的来源

市场环境复杂多变，科学技术不断进步，隐藏的创业机会越来越多，如何抓住创业机会，则需充分了解创业机会的来源，让创业机会有迹可循。彼得·德鲁克研究认为创业机会的来源为意料之外的事件、不一致的状况、基于程序需要的创造、基于产业或市场结构上的变化、人口的变动、认知、情绪及意义上的改变、新知识等七个方面。Olm和Wddy则认为可以从先前的工作经验、有创意的他人、得到某一授权、与行业专家接触、研究资料所得、搜寻市场失败案例、复制别人的成功经验用于不同市场、把嗜好、兴趣、业余爱好转变成事业机会、在个人的经验基础下发展出事业化的需求、根据个人所需进行研究发展等方面发现创业机会。综合其他学者的研究成果，可以总结出创业机会主要有三个方面的来源：问题、变化、空缺。

（一）问题

创业的根本目的就是解决市场痛点、满足顾客需求，未被解决的市场痛点与未被满足的顾客需求就是问题，因此，现实生活中没有被解决的问题就会产生创业机会。也就是说，困境与机会并存，任何问题都隐含着创造的可能。俗话说："消极的人看问题都是问题，积极的人看问题都是机会"。创业者应该以问题为导向，用不同的视角来看待问题，发现市场的痛点，思考解决问题的办法，从而发现创业的机会。到底什么是痛点？痛点的本质，是用户未被满足的刚性需求。只有用户存在某种需求，而我们的创业项目又满足了这种需求，亦即为用户带来了价值，我们才有望获得用户的付费。比如，最近几年很火的"怕上火喝王老吉"，这句广告语击中了中国人普遍的痛——上火，于是把王老吉的销量带上一个又一个新高度。如果没有挖掘出"怕上火"这一痛点，王老吉就只能是众多饮料中平淡无奇的一款。又如，OPPO 的广告语"充电 5 分钟，通话 2 小时"，抓住了电量不足这个痛点，开发了 VOOC 闪充技术，提出了更快的充电方式的解决方案，OPPO 因此大获成功。再比如，传统雨伞收纳常常带来不便，收伞需要较大空间，上车前要先收伞，未上车身先湿，收伞后水乱滴；亦或是在狂风暴雨时，传统雨伞容易被吹反，人就暴露在倾盆大雨中。针对传统雨伞的不便之处，英国 KAZ Designs 团队利用反方向收伞原理，透过 3D 立体打印制作，采用防水涂层透气布料制成伞布，收伞时伞布向上反起，把挡雨一面收纳在内，既可将雨水包在伞内，也可缩减收伞空间，同时确保伞上雨水不会溅到身上。雨伞使用经验 3000 年未曾改变，但问题一直存在，而英国 KAZ Designs 团队就将问题转变成了机会。所以，生活琐事往往存在大大小小的问题，也蕴藏了无限的机会，创业者要善于从中去发现，并积极思考解决办法，抓紧创业机会。一些基于问题的成功创业案例见表 4-1。

表 4-1　基于问题的成功创业案例

涉及方面	存在的问题	解决方案
吃	不受地理位置限制用餐	外卖
穿	不受区域限制购买商品	网上购物
住	因机场、火车站班次延误需要短时间住宿	胶囊旅馆太空舱
行	打车难	共享汽车

【分析工具】

如何辨别痛点。首先辨别真伪痛点。谈创业必谈痛点，每个项目都表示自己找到了市场痛点，然而其中一部分项目做着做着失败了，其中一部分原因就是所谓找到的痛点是伪痛点。辨别真伪痛点的三个问题：

（1）该产品能解决的是一个会让用户焦虑不安的问题吗？

（2）用户愿意为了这个产品付费吗？

（3）用户不用这个产品就影响生活工作了吗？

其次是辨别高低频痛点。痛点的频率是指对于产品或服务的需求多久一次。创业项目是需要高频痛点，也就是需求次数较多的痛点。例如，美团外卖、滴滴打车、懒人福洗衣。用户对于此类需求都是刚性需求，使用频率也较高。反之，像私人订制西服这样的项目、珠宝买卖、婚庆，大众对于这些的需求频率就较低，几乎都是一次需求。

最后是辨别痛点的群体广度。大部分成功的创业项目，需要的痛点除了要高频，还要群体广度够广，也就是受众多。如果发现的痛点受众小，但是产品或服务价格高昂，有核心竞争力，能够持续获利，这样的痛点也是不错的创业机会。例如，价格高昂商务的手机，三星的 W2018 和 8848 系列以及威图，就是找到了商务人士这个细分市场的痛点打造的产品。

【拓展训练】

请想出五个有望解决的痛点，然后在班上找五个人调研一下，看看他们认为这是真痛点还是伪痛点，并填写表4-2。

表4-2　有望解决痛点的调查表

找到的痛点	发生的频率	真伪调研（括号填投票数字）
		真（　）伪（　）
		真（　）伪（　）
		真（　）伪（　）
		真（　）伪（　）
		真（　）伪（　）

（二）变化

发展是第一生产力，时代在不断前进，社会、经济、文化、政策、技术在不断发展变化，变化即产生机会，因此，把握社会、经济、文化、政策、技术发生的变化趋势，加以系统分析，是发现创业机会的重要来源。

1. 社会变化

社会变化主要是指社会习俗、社会道德观念、社会公众价值观以及社会结构的改变。特别是社会结构的变化催生了新的行业。社会结构包括人口结构、家庭结构、就业结构、城乡结构和阶层结构等。例如，老龄化的问题就是人口结构变化的典型案例。根据政府报告到 2020 年 60 岁以上人口将达到 2.5 亿，老年人口占到了全部人口的 17.17%，并有逐年增长趋势。因此，老年人群构成了新的消费群体，市场空白较多，隐藏着无数的创业机会，例如老年房地产、老年医疗卫生、老年教育、老年日用品、老年交通等。又如家庭结构的变化，随着女性社会地位的提高，社会思想的解放，女性同男性一样可以成为职场人，而不是全职太太，然而这样就缺乏时间照顾小孩和家庭，于是产生了家庭托儿所、家政服务、送菜公司等。再例如社会习俗里的婚礼习俗，从中式到西式再到中式，一直在变化，也意味着一直存在着创业机会，随着年轻人对仪式感的重视，婚庆行业也蓬勃发展，还衍生出婚礼策划、海外婚礼、婚宴甜品等行业，就连因为对求婚的重视程度增加产生了求婚策划的细分市场。另外，随着中国社会进入到小康社会，人们对婴幼儿食品安全、健康的关注日益增长，再加之社会新闻事件报道，让奶粉安全问题成为社会关注焦点，于是产生了代购这种职业。因此，社会变化蕴藏了许多创业机会，创业者们要学会洞察到其中的变化，发现创业机会。

2. 经济变化

随着经济迅速发展，人民生活水平不断提高，消费观念、消费能力以及消费需求发生了翻天覆地的变化，必然会带来新的市场和创业机会。近十几年蓬勃发展的旅游市场就是典型的例子。改革开放初期，我国经济落后，人们的收入不高，收入几乎用于日常生活，解决温饱问题。但随着经济发展，可支配的收入增加，人们的消费欲望也随之增加，休闲、旅游的消费需求出现，人们走出家门，外出旅行，甚至出国旅行，便带动了旅游、交通、服务业的发展。经济水平的提高还带动了购物消费，小到服装，大到住房，同时也带动了衍生市场的发展。经济发展不仅带动物质消费，还带动了精神消费，例如股票、基金、理财产品和保险等金融产品。因此，创业者应当在这个变化中发现新的创业机会。

3. 文化变化

文化的"输入"到"输出"，传统文化与西方文化的碰撞与融合，文化的形式多样恐怕是中国文化最明显的三大变化。例如，"马蜂窝"——一个分享旅行游记的平台，告别传统的"告知型"书本，吸引了千万级的用户，这就是文化的"输出"典型的案例。再例如随着我国成为世界强国，中文的博大精深，越来越多的外国人想要学习中文，"Chinese skill"这类应用程序应运而生。又如"故宫文创"设计师们将故宫博物院里的文物与日常生活用品相结合，设计出非常有创意的文创产品，每个产品都有一个故事，将历史悠久的文物藏品活起来，更好地融入人们日常生活中，发挥其文化价值。据故宫博物院发布的统计数据也显示随着故宫文创产品的热销，到故宫博物院参观的年轻人显著增加。"中国+"也是文化变化的一个标志，例如"c-pop""中国有嘻哈"等都是体现传统文化与西方文化的碰撞与融合。文化市场有大量的空间，创业者们务必洞察到文化的变化和走向。

4. 政策变化

创业活动往往受到政策的限制和要求，政策的变化，特别是新政策的出台，将带来新的创业机会。因此，在选择创业机会时，除了考虑市场因素，政治制度和政策法规也是要考虑的关键因素。例如，2015 年全国"两会"上，李克强总理将推广新能源汽车作为 2016 年重点工作，随后国家出台了一系列有关新能源汽车优惠补贴的政策，大大促进了全国汽车产业发展。再如，2020年是脱贫攻坚战关键的一年，为了实现全面建成小康社会这一战略目标，国家出台了一系列有关"两不愁三保障"的政策，继而促进了乡村振兴、"互联网+"农产品、"互联网+"乡村旅游、"互联网+"政务信息等行业的发展。又如，上海市 2020 年出台的垃圾分类的政策，随后便出现智能垃圾回收解决方案、垃圾处理、逆向物流等创业项目。政策变化较社会、经济、文化变化更加可视化，因此有创业意向的同学们要多关注时事，了解政策，从政策变化中挖掘创业机会。

5. 技术变化

每一个新兴产业的诞生与发展都伴随着技术创新。新的技术、发明会带来新的产品和服务，能够更好地满足顾客的需求。例如，通信行业的技术变化，2G时代开创了移动互联网，但只创造了极少的移动内容与增值服务的市场机会，3G 时代开启了移动互联网，带动了手机市场的高速增长；4G 时代则主要成就了视频领域的辉煌；未来的 5G 时代，才是彻彻底底的"互联网时代"。5G 的到来，远程医疗、互动直播、互联物流、电子竞技、虚拟社群、智慧交通、全球生产等，行业的升级与新行业的诞生将非常多，这些都会产生巨大且广泛的创业机会。再如人工智能技术的变革，从智能手表到智能家居系统，从无人机到无人驾驶，技术的变化使其运用到的场景越来越多。建议创业者可以从以下五个方面抓住技术变化带来的创业机会：

（1）根据自身专业所学，发明创造新的技术，从而激发出新的市场需求，例如尼龙、人造纤维、核电、半导体等都是属于这种方式。

（2）通过工艺创新寻找创业机会，例如晶体管代替真空管、集成电路取代分立元件等。

（3）新技术的不同的运用场景，例如 VR 技术，一开始是运用到网络购物，再到动漫产业，到现在的医疗行业都有 VR 技术的用武之地；英特尔把自动驾驶、人工智能、计算机视觉和云计算技术加入卡车运输、冷藏和食品检查中。

（4）新技术的衍生市场，例如，苹果手机带动了零配件产业的发展，VR 技术促进了 VR 硬件产业的发展。

（5）新技术带来的新问题，通常情况下，新技术的出现对人类都有利有弊，例如手机的使用会产生辐射，便催生了防辐射产品。再例如互联网的不良信息问题，便有网络信息过滤软件的产生。又例如快递行业的蓬勃发展产生了大量快递盒造成资源的浪费，便有共享快递盒的出现。

（三）空缺

空缺指的是现有市场存在尚未满足的需求，将其转变成自己的创业机会，能减少寻找创业机会的成本，降低创业风险。空缺主要指不完全竞争下的市场空隙。

不完全竞争是指企业之间不完全竞争状态，导致市场存在未被满足的需求。也就是说大企业不可能完全满足市场需求，在此情况下就产生了中小企业的生存空间。创业者要学会了解市场对产品差异化的需求，也就是细分市场的重要性。以去屑洗发水市场为例，2007 年之前海飞丝占领了绝大部分市场，直到清扬的出现，它将去屑洗发水市场按性别细分，针对性别不同研发了不同的去屑洗发水，便快速占领了男性去屑洗发水的市场。再以手机市场为例，OPPO 手机销量从 2016 年开始销售量逐年增长，2016 年第三季度 OPPO 在中国市场的出货量达到了 2010 万部，首度成为中国市场的冠军。在全球手机市场下滑的情况下，OPPO 海外市场依然保持着高速增长，OPPO 手机之所以能在苹果、三星、华为手机的夹缝中生存下来，就是因为它找了市场的空缺，专注拍照手机。

【分析工具】

PEST 分析。PEST 分析是指宏观环境的分析，是指一切影响行业和企业的宏观因素。对宏观环境因素进行分析，不同行业和企业根据自身特点和经营需求，分析的具体内容会有所差异，但一般都应对政治、经济、社会和技术这四大类影响企业的主要外部环境因素进行分析：

（1）政治涉及法律，特别是反垄断法规、环境保护、税法、外贸法规等；国家和地方对于外来企业态度；当地的政党性质和政府稳定性。

（2）经济涉及 GDP 趋势；利率货币供给；通胀失业率；可支配收入来源；成本。

（3）社会涉及人口；收入分配；生活方式；社会责任感；教育水平；环保态度。

（4）技术水平；革命性发明；科技成果转化；知识产权与保护。

【拓展训练】

互联网如何从吃穿住行等方面改变了我们的习惯（见表4-3）？

表4-3 互联网改变我们习惯的各个方面

	玩	穿	学	医疗	住房
（过去） ↓ （现在）	单机游戏	实体购物	课堂教育		
	网络游戏	在线购物	视频教学		
	手机游戏	移动购物	在线直播		

第二节 创业机会的识别

一、影响创业机会识别的因素

创业机会识别过程是复杂、非单一的，需要不断调整，反复衡量的过程，既是直观的，也是客观的。一方面需要创业者靠自身素养，直观判断；另一方面也需要有目的驱使，加以分析。因此，机会的自然属性、创业者个人特质、社会网络关系、环境因素对识别创业机会具有重要影响。

（一）机会的自然属性

机会的自然属性是影响创业机会识别的根本因素，是指该机会能够产生的商业价值，较大程度上决定了创业者对其未来价值的预期和认可，对创业者就该创业机会的判断起决定性影响。创业机会的自然属性包括行业前景、市场规模、产业链价值和市场利润，每一项指标下还各设若干分指标用于机会评价。

（二）创业者个人特质

1. 先前经验

先前经验也称已有知识体系，是指创业者在工作、教育或其他手段累积了对于某个行业或领域关于市场、产品、资源丰富的知识和信息，造就了创业者的"知识走廊"，能快速、清晰地分辨与其先前经验密切相关的创业机会，强化发现创业机会的能力。奥地利经济学派认为：由于不同行为主体之间信息不对称，才可能存在创业。因此，看似"从天而降"的创意往往并非凭空产生的，也非对所有人"显而易见"，而是创业者处在"知识走廊"中，在不断实践过程中有了"先前经验"，才会"灵光一现"。创业者的先前经验在创业机会识别过程中起到关键性作用，是影响创业机会识别的重要因素。

2. 认知能力

社会认知理论学派认为：人类不仅从直接经验中学习，也能够通过模仿他人来学习。创业者可以从创业导师、企业家、创业模范那里学习相关创业行为，通过学习借鉴他人的创业行为更有利于个人创业活动的开展。机会认知是机会识别的首要步骤，因此认知能力对于创业机会识别显得尤为重要。认知能力的提升形成认知风格，也就是创业者在认知过程所展现出来的行为模式。具有独特认知风格的创业者，往往具备发散性思维，在信息搜索、风险承担和挑战意识上优于常人，不局限于传统规则。

3. 创造性思维

创造性是指产生异于传统，新奇又有用的创意的能力。创造性思维是指可通过跨种类、跨领域、跨学科的认知思维加工，将原先毫无联系的知识、信息、经验整合在一起，从而得到创新的解决思路。创造性思维在创业机会识别过程中可以将某一个领域的知识作为模型应用到另一个领域中，从而产生新的创业机会。例如"互联网+"的多场景应用就是典型的创造性思维发挥的作用。创业机会不都是现有、固有的，创业机会的识别也是创造的过程，是不断反复的创造性思维发挥作用的过程。是否具有创造性思维，对能否产生创意、把握创业机会起到关键作用。

（三）社会关系网络

社会关系网络是指个休之间、群体之间构成了交流和联系。迈基特认为社会关系网络是特定的个人之间的一组独特的联系。社会关系网络是创业者的最重要隐性资源，其深度、广度直接影响创业者对创业机会识别的整体水平。社会关系网络承载着大量创业机会信息，能扩大信息来源渠道，通过社会关系网络成员之间的碰撞、资源整合，会产生新的创业思路和机会。因此，拥有庞大社会关系网络的创业者比社会关系网络薄弱的创业者更能接触到创业机会、更能快速识别创业机会。

（四）环境因素

经济活动是一个复杂过程，受到政治、社会、文化、生态等外界环境因素的影响。因此，创业机会识别也会受到外界环境的影响。外界环境的变化酝酿大量的创业机会，是产生创业机会的源泉。而环境的特性是宽松、动态又复杂的，因此，机会识别也是一个动态的过程，机会可以随时存在，也可以瞬间消失。

二、创业机会识别的方法

合理科学使用创业机会识别的方法大有裨益。以下介绍几种较为常见的创业机会识别的方法。

（一）信息收集法

《整理创意》一书中说过养成将琐碎的信息、观点记录在册的方式是产生创意的源泉。当我们阅读书籍、查阅文献、观看新闻时，应将有用、有特色的信息摘抄在册，将阅读中产生的小想法、小观点记录下来，这个记录的过程看似无意，实则是在不断获取信息、反复揣摩信息并最终产生直觉的过程。这些信息看似无联系，实则是绘制成一张创业蓝图必不可少的一笔一画。收集大量信息对发现问题以及解决问题有重要的帮助。瑞士最大的音响书籍公司的创始人说他就有一本这样的笔记本，当记录到第 200 个想法时，他静下心来回顾所有的想法，发生了创业机会，然后创办了自己的公司。

（二）问题分析法

一个新的产品、一个新的商业模式的产生往往源于解决现实中存在的问题，而顾客的不经意间的"发声"却是在给创业者提供新的创业机会。问题分析法就是要全面了解顾客的需求，聆听消费者的心声，留意他们的"不满""疑问""非正式建议"，对他们的想法和需求进行分析，找到应对的手段，获得新产品或新方式的构想，发现创业机会，从而把握创业机会。例如，网购者常常抱怨取快递时间太固定，不方便，便产生了快递柜；埃德温·兰德因为女儿一句"为什么我马上看到你给我拍的照片"，产生了拍立得相机的新产品。因此，创业者应多于顾客交流，充分采用问题分析法，识别创业机会。

（三）系统分析法

目前，大多数创业机会都是通过系统分析法而发现的。创业者可以对产生创业机会的宏观环境和微观环境进行系统分析，识别出各式各样的创业机会。宏观环境包括政治环境、技术环境、社会环境、文化环境等。政治环境主要指政策方针、法律法规等，会直接或间接影响创业活动。例如国家大力提倡环保，使得新能源汽车行业迅速发展。技术环境主要指所涉及的行业的技术变革趋势，创业者要充分了解技术发展，未来的新兴技术及其应用场景。社会环境主要是地理、人口、性别等因素的影响。文化环境主要是指传统文化与西方文化的碰撞与融合，现有文化环境的变化。微观环境系统分析是要创业者对顾客、竞争对手、供应商的变化加以系统分析。例如，清扬对于去屑洗发水市场的顾客画像进行系统分析，发现男性去屑洗发水细分市场，获得创业机会。系统分析法中关键手段是市场调研，开展市场调研，在环境变化中发现创业机会，是识别创业机会的普遍方法。

（四）跟踪技术法

技术变革推动社会进步，新技术产生新产品、新服务、新模式，能够更好地满足顾客需求，随之而来的还有创业机会。例如，随着电商的诞生，物流、快递、IU 设计、网拍模特、客服等创业机会接踵而来。不是所有创业者都得擅长高新技术，他们或许没有技术开发的能力，但他们可以通过跟踪技术法，踏上技术创新跟踪产品或服务替代的步伐，也能够不断识别出新的发展机会。

三、创业机会识别的过程

从创业整个过程角度来说，创业机会的识别是创业的起点。创业过程开始于创业者对创业机会的识别和把握。创业者从成千上万的创意中选择了他心目中的创业机会，紧接着持续开发这一机会，创办企业，最终获得成功，在这一过程中，机会的潜在预期价值以及创业者的自身能力得到反复的权衡，创业者对创业机会的认知越来越清晰，这一过程称作创业机会的识别过程。创业机会识别的过程一般包括产生创意、机会搜寻等四个阶段。

（一）产生创意

创意是机会识别的源头。在创意没有产生之前，机会的存在与否意义并不大。因此，创业者根据宏微观环境中存在的问题、变化、空缺等，产生有吸引力的创意。

（二）机会搜寻

机会搜寻是机会识别的核心步骤。当创意产生后，搜索相关信息、获取有价值的信息尤为关键。首先，根据创意明确信息收集的方向和目标。其次，从已有数据或资料中收集相关信息，获得有价值的信息。最后，通过调查、问卷、试验等获取第一手资料，由于已有数据是共享数据，如果数据清晰表明某市场潜力可观，便意味有大量的竞争者，那该市场的创业机会会随之减少，因此，还需收集第一手资料再加以分析。当创业者意识到某一个创意可能是潜在创业机会后，便进入下一个阶段。

（三）机会识别

相对整体意义上的机会识别过程，这里的机会识别应当是狭义的，即从创意中筛选合适的机会，也就是对第二阶段的信息进行市场分析。第一步是对整体的市场环境以及行业背景、前景进行分析，来判断该机会是否在广泛意义上属于有利的创业机会。第二步是考察对于特定的创业者和投资者来说，该机会是否有价值。因此，要对收集的信息交叉制表进行多重分析，才可获得更具指导性意见的结果，而并非数据表面所呈现的初步印象。将杂乱的信息联系起来，发现其中真正的创业机会，是至关重要的。

（四）机会评价

机会评价就是全方位、规范地考察技术方案、市场环境、竞争对手、财务指标等，仔细审查创意是否可行。建议采用商业模式设计为思路来评价创业机会。通过机会评价，创业者决定是否创办企业。

【分析工具】

大学生创业如何选行业。

（1）熟悉原则。

1）选择熟知的行业。

2）选择与自己专业相近的行业。

3）选择能发挥自身特长的行业。

（2）发展原则。

1）挑选有发展前景的行业。

2）选择国家政策扶持的行业。

3）选择高频痛点、受众广的行业。

（3）适合原则。

1）选择轻资产的行业。

2）选择投资风险较小的行业。

3）选择资金周转较短的行业。

【拓展训练】

请研究表4-4，把空白处填上。

表4-4　各时期新技术、新趋势与新产业、新机会调查表

时间	新技术、新趋势	新产业、新机会
20世纪80年代	个人电脑的普及	电脑、笔记本及各种零配件的生产制造及周边产业蓬勃发展
20世纪90年代	互联网的风靡	商业从线下逐步转移到线上。催生大量单机应用，成就了各大门户网站，电子商务飞速发展
2010年前后	智能手机的普及	线上业务从电脑端逐步转移到手机端。移动互联网爆发，大批手机软件上线
2015年前后	共享经济	Uber、滴滴、Airbnb等各行各业的商业模式创新
2018年前后	物联网	智能家居、智能出行、自动驾驶的出现

第三节　创业机会的评估

一、创业机会评估的定性分析方法

创业机会的识别与开发的最后一步是创业机会的评估。科学全面的评估创业机会对创业成功与否、能否获得收益起到至关重要的作用。与此同时，创业机会评估的过程也是衍生新的创业机会的过程。在进行创业机会评估时，要把握科学性、系统性、价值性、可行性、时效性及可比性等原则。

（一）蒂蒙斯创业机会评估指标体系

目前，国际上公认的比较科学全面的创业机会评估模型是蒂蒙斯总结归纳的创业机会评估指标体系，它从投资者的角度结合自身及企业的特点来综合分析。蒂蒙斯认为创业者应该从行业与市场、经济因素、收获条件、竞争优势、管理团队、致命缺陷、创业家个人标准、理想与现实的战略性差异八个方面来评估创业机会的价值潜力，并围绕8大类形成了53项指标体系，见表4-5。

表4-5 蒂蒙斯创业机会评估指标体系

大类	指标
行业与市场	1. 市场容易识别，可以带来持续收入
	2. 顾客可以接受产品或服务，愿意为此付费
	3. 产品的附加价值高
	4. 产品对市场的影响力大
	5. 将要开发的产品生命力长久
	6. 项目所在的行业是新兴行业，竞争不完善
	7. 市场规模大，销售潜力达到1000万到10亿美元
	8. 市场成长率在30%~50%甚至更高
	9. 现有厂商的生产能力几乎完全饱和
	10. 在五年内能占据市场的领导地位，达到20%以上
	11. 拥有低成本的供货商，具有成本优势
经济因素	1. 达到盈亏平衡点所需要的时间在1.5~2年
	2. 盈亏平衡点不会逐渐提高
	3. 投资回报率在25%以上
	4. 项目对资金的要求不是很大，能够获得融资
	5. 销售额的年增长率高于15%
	6. 有良好的现金流量，能占销售额的20%~30%甚至更高
	7. 能获得持久的毛利，毛利率要达到40%以上
	8. 能获得持久的税后利润，税后利润要超过10%
	9. 资产集中程度低
	10. 运营资金不多，需求量是逐渐增加的
	11. 研究开发工作对资金的要求不高
收获条件	1. 项目带来的附加价值具有较高的战略意义
	2. 存在现有的或可预料的退出方式
	3. 资本市场环境有利，可以实现资本的流动

大类	指标
竞争优势	1. 固定成本和可变成本低
	2. 对成本、价格和销售的控制较高
	3. 已经获得或可以获得对专利所有权的保护
	4. 竞争对手尚未觉醒，竞争较强
	5. 有用专利或具有某种独占性
	6. 有用发展良好的网络关系，容易获得合同
	7. 拥有杰出的关键人员和管理团队
管理团队	1. 创业者团队是一个优秀管理者的组合
	2. 行业和技术经验达到了本行业内的最高水平
	3. 管理团队的正直廉洁程度能达到最高水准
	4. 管理团队知道自己缺乏哪方面的知识
致命缺陷	不存在任何致命缺陷
创业家的个人标准	1. 个人目标与创业活动相符合
	2. 创业家可以做到在有限的风险下实现成功
	3. 创业家能接受薪水减少等损失
	4. 创业家渴望进行创业这种生活方式，而不只是为了赚大钱
	5. 创业家可以承受适当的风险
	6. 创业家在压力下状态依然良好
理想与现实的战略性差异	1. 理想与现实情况相吻合
	2. 管理团队已经是最好的
	3. 在客户服务管理方面有很好的服务理念
	4. 所创办的事业顺应时代潮流
	5. 所采取的技术具有突破性，不存在许多替代品或竞争对手
	6. 具备灵活的适应能力，能快速地进行取舍
	7. 始终在寻找新的机会
	8. 定价与市场领先者几乎持平
	9. 能够获得销售渠道，或已经拥有现成的网络
	10. 能够允许失败

　　蒙蒂斯的创业机会评估指标体系是从多个维度对创业机会进行评价，以可量化的标准，深入把握创业机会的潜在价值，降低主观判断失误的可能性，但对于

初创者来说，蒂蒙斯的创业机会评估指标体系略显复杂和专业。

（二）迈克尔·波特的创业机会评估模型

迈克尔·波特的创业机会评估模型又称波特五力模型。他认为行业中存在着决定竞争规模和程度的五种力量，五种力量分别为同行业内现有竞争者的竞争能力、潜在竞争者进入的能力、替代品的替代能力、供应商的讨价还价能力、购买者的讨价还价能力，这五种力量综合起来影响着产业的吸引力以及现有企业的竞争战略决策，适用于新创企业综合可行性研究中各种因素的分析说明，见图4-1。

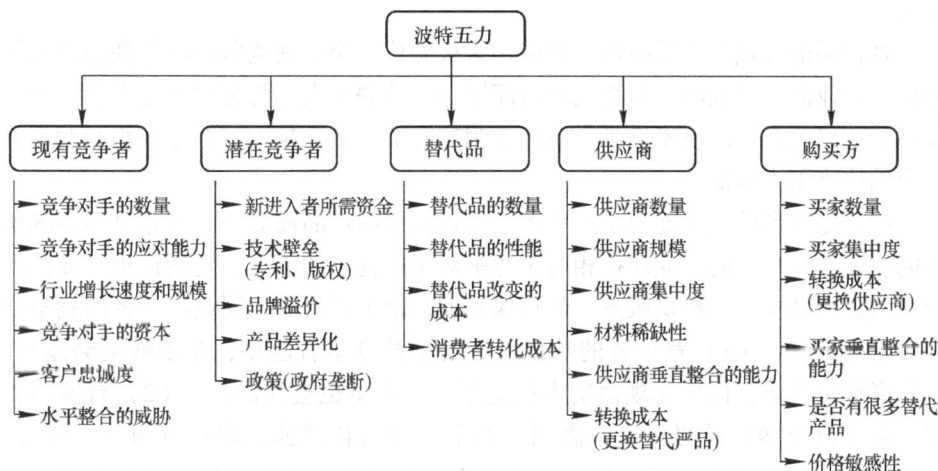

图4-1 波特五力创业机会评估模型

供应商的议价能力，是指通过提高投入要素价格与降低单位价值质量的能力，即供应商讨价还价的行为和程度。他们可能通过提价或降低所购产品或服务，以此向目标企业施加压力，来影响行业中现有企业的盈利能力与产品竞争力。供应商压力可以使一个企业因无法使销售价格跟上生产成本的增长而失去利润。

购买者的议价能力，是指通过压价与要求目标企业提供较高的产品或服务质量的能力，即购买者讨价还价的行为和程度。对于企业来说，购买者的议价能力是一个不可忽视的竞争力量。一般来说，满足如下条件的购买者可能具有更强的讨价还价能力：（1）购买者的总数较少，而每个购买者的购买量较大，占了供应商销售量的很大比例。（2）供应商所处行业由大量相对来说规模较小的企业组成。（3）购买者所购买的基本上是一种标准化产品，同时可向多个供应商购买。（4）购买者有能力实现后向一体化，而供应商不可能前向一体化。

潜在竞争者进入的能力是指新进入者在给行业带来新生产能力、新资源的同时,希望在已被现有企业瓜分完毕的市场中赢得一席之地,这就有可能会与现有企业发生原材料与市场份额的竞争,最终导致行业中现有企业盈利水平降低,严重的话还有可能危及这些企业的生存。竞争性进入威胁的严重程度取决于两方面的因素,这就是进入新领域的障碍大小与预期现有企业对于进入者的反应情况。进入障碍主要包括规模经济、产品差异、资本需要、转换成本、销售渠道开拓、政府行为与政策(如国家综合平衡统一建设的石化企业)、不受规模支配的成本劣势(如商业秘密、产供销关系、学习与经验曲线效应等)、自然资源(如冶金业对矿产的拥有)、地理环境(如造船厂只能建在海滨城市)等方面。

替代品的替代能力是指对生产或销售被替代品企业的竞争地位和利润以及被替代品产业的平均利润率所造成的负面影响。威胁的大小与替代品是否存在和替代品的价格、产业的技术进步、政府管制等有关。威胁越大,产业平均利润率和产业结构吸引力越低。

同业竞争者的竞争能力是指基本上销售同样的产品或服务,互相争夺市场份额的企业,使自己的企业获得相对于竞争对手的优势的能力,包括销价、提高质量、增加产品特色、提供服务、延长保修期、增加广告等。同业竞争者的竞争强度影响因素有:(1)竞争者的数量。市场中的竞争者越多,竞争强度会越高。竞争者数量不多,但彼此规模实力相差不大,竞争也会很激烈。(2)行业增长率。如果行业增长缓慢,竞争激烈。如果行业增长快速,则竞争相对不激烈。(3)行业的固定成本。行业的固定成本高,则现有企业为了降低单位固定成本而增加产量,造成竞争激烈。(4)产品的转换成本。购买者购买产品的转换成本低则现有企业之间竞争激烈。(5)不确定性。对行业内其他企业经营方式不确定性越大,则竞争越激烈。(6)战略重要性。如果企业最重要的战略目标是获得成功,则企业可能会采取具有竞争力的行为来达成目标。(7)退出壁垒。退出壁垒大则现有企业竞争越激烈。

二、创业机会评估的定量分析方法

定量分析方法是通过经济效益分析,从财务上进一步判断选定的创业机会是否符合可行。

(一)量本利分析法

通过市场需求量、生产成本、销售利润这三者的关系,掌握盈亏变化的规律,以最小的成本获得最大利润。

1. 市场需求量的分析

通过分析创业机会所面临的市场状况及市场潜量,进而对可能产生的经济效益进行分析。

2. 成本分析

主要研究利用该创业机会需要付出的成本。主要从投资成本、生产成本、管理成本三个方面进行分析。

3. 利润分析

在市场需求量、成本分析的基础上，进行利润分析，一般采用盈亏平衡模型、现金流量模型、简单市场营销组合模型、投资收益率等分析方法进行。

（二）标准打分矩阵法

选择对创业机会成功有重要影响的因素进行赋分，每个因素评分分为三个等级，然后求出每个因素在各个创业机会下的加权平均分，据此进行直观的比较。表4-6中是其中10项主要的因素，在实际操作中可根据具体情况进行指标的选择。

表4-6 标准打分矩阵

因素	专家评分			
	极好（3分）	好（2分）	一般（1分）	加权平均分
易操作性				
质量和易维护性				
市场接受度				
增加资本的能力				
投资回报				
专利权状况				
市场大小				
制造的简单性				
广告潜力				
成长潜力				

（三）温斯丁豪斯法

温斯丁豪斯法是通过计算，比较各个创业机会优先级的方法。计算公式如下：

创业机会优先级=［技术成功概率×商业成功概率×平均年销售数×
（价格-成本）×投资生命周期］/总成本

其中，技术成功概率和商业成功概率以百分比表示，平均年销售数以销售的产品数量计算，价格、成本分别以单位产品的价格、成本计算，投资生命周期是指可以预期的年均销售数保持不变的最高年限，总成本是指预期的所有投入，包括研发、设计、生产、投资、销售、管理等费用。创业机会的优先级的数值越大，该创业机会就越有可能成功。

（四）伯泰申米特法

伯泰申米特法是通过让创业者填写预先设定好的针对不同因素、不同情况的权值选项式问卷方法，能够快速计算特定创业机会的成功潜力大小，见表4-7。对于每个因素，得分范围为-2分到+2分，所有因素得分总和即为总分，总分越大，表明该创业机会成功潜力越大。一般而言，总分高于15分的创业机会才值得创业者进行下一步策划。

表4-7 伯泰申米特法

因素	得分
对于税前投资回报率的贡献	
预期的年销售额	
生命周期中预期的成长阶段	
从创业到销售额高速增长的预期时间	
投资回收期	
占有领先者地位的潜力	
商业周期的影响	
为产品制定高价格的潜力	
进入市场的容易程度	
市场试验的时间范围	
对销售人员的要求	

三、创业机会评估的选择因素方法

贝蒂设定了11个选择因素（见表4-8），用于创业机会的评估，如果某个创业机会符合其中的7个或以上的因素，则该创业机会非常值得考虑；相反，该创业机会很可能不可取。通过循环反复的"识别-评估-开发"步骤，一个最初的创意就会逐步完善起来。

表 4-8　贝蒂选择因素法

因素	是否符合
1. 这个创业机会在现阶段是否只有你发现了？	
2. 初始的产品生产成本是否可以接受？	
3. 初始的市场开发成本是否可以接受？	
4. 产品是否具有高利润回报的潜力？	
5. 是否可以预期产品投放市场和达到盈亏平衡点的时间？	
6. 潜在市场是否巨大？	
7. 产品是否属于高速发展的类型？	
8. 是否拥有现成的初始用户？	
9. 是否可以预期产品的开发成本和开发周期？	
10. 是否处于一个成长中的行业？	
11. 金融界是否能够理解你的产品和消费者的需求？	

在做创业机会评估时，应注意创业本身是不确定性的商业活动，创业者不可能对分析方法里的全部指标作出客观的评估。客观是相对的，过分强调数据，反而会把困难放大，弱化创业者承担风险的能力，最后失去创业的热情。切记：创业机会评估是为了降低主观判断失误的可能性，补充主观判断的不足，而不是要求创业者等到指标评估结果都完美再去创业，那时已经错过最佳进入市场时间。因此，甄别创业机会有时还需要创业者做主观判断，因为最后决定是否将创业机会付之于行动的人是你——一个拥有创业梦想的年轻人！

四、创业机会评估的标准

创业机会评估不仅需要掌握方法，还需把握它的标准。主要包括创意的价值及其竞争力、行业和市场、团队以及经济回报。

（一）创意的价值及其竞争力

创意是创业机会的前身，但不是所有的创意都值得被开发。只有那些有价值和强竞争力的创意才有可能发展成一个好的创业机会。首先，有价值的创意必须具备新颖性、独特性、可行性和价值性的特点。其次，创意还得具备强竞争力。因此在创业机会评估时，要明确列出所有竞争产品和竞争企业，尽可能的与之进行对比。通过分析优劣，找到自己产品或服务的特点与亮点。

（二）行业和市场

行业和市场分析是创业机会评估重要的一步。创业机会评估时首先要着重关注提供相同产品或服务的行业的竞争情况和收获条件等。其次要关注消费者市场的容量，只有市场容量大，才有可能能够获得更多的利润。值得一提的是，创业者在市场定位上一定要清晰界定细分市场，才能更容易进行市场，减少竞争者。

(三) 团队

创业团队永远是创业活动中最核心的要素，是决定创业成败的关键，也是风险投资人最看重的因素。因此，在创业机会评估时，要确保创业团队成员中至少有一人具备所选行业、技术领域的相关经验，以确保创业机会成功开发。

(四) 经济回报

创业活动是经济行为。因此，创业的目的之一是获取经济利益。所以，经济回报也是创业机会评估时需要重点考虑的标准。创业者应尽可能在成本效益原则的指导下，在较短时间内，以较低成本获得较高的回报。如果你所识别的创业机会经济回报期较长、经济回报率较低，那你就得再次思考这个创业机会适不适合被开发。

【分析工具】

需求确认包括三个步骤：市场调查、需求提炼、反馈调整。

市场调查包括对经营环境分析、竞争对手分析、客户需求调查。经营环境分析可采用本章的创业机会评估方法。竞争对手调查，重点了解潜在竞争对手的分布、优缺点与主要策略。客户需求调查，是指通过各种访谈、问卷、观察、数据分析等各种调查方法了解客户对产品的诉求。

需求提炼，是根据所收集的显性需求信息进行深度挖掘和捕获，以了解客户的隐性需求是什么，进而引导自己去开发能满足客户真正需求的产品。

反馈调整，是开始经营后，可设定一系列的指标进行运营监控，比如用户的反馈、停留时间、点击率、留存率、单客价等，通过这些数据来看客户是否满意，再根据客户的反馈不断修正、优化。一来可以验证你发现的用户痛点是否准确，二来可以根据用户的反馈去调整、修正和优化你的项目，直到你的用户满意。

【拓展训练】

根据下面的马洛斯需求模型，小组讨论一下，可以针对每一种需求层次做什么样的创业项目？

1. 自我实现的需求

2. 对美的需求

3. 求知的需求

4. 尊重的需求

5. 友爱与社交需求

6. 安全需求

7. 生理需求

（用金字塔图来表现）

榜样的力量（四）——寻找互联网市场新商机

优秀的创业者，必须经常关注各种社会新现象及新信息，并敏锐捕捉其中蕴含的创业机会和商机。而信息时代，互联网市场成为一块重要的宝地。

2017年10月，一家名叫"比火科技"的公司落地旅游学院南门创业园，这家公司主营3C数码产品（电脑、手机、相机等电子产品），目前每年营业额达100万以上。它的法人代表是旅游学院2014级的学生熊扬石。

"比火科技"主营电子产品销售的主要原因与熊扬石创业前的丰富经历分不开。他曾在上海一家广告公司做推销工作，那段时间让熊扬石拥有了推广的多种渠道，掌握了业内信息。因为有了这段经历，他才在众多申请京东校园大使的学生中脱颖而出。

当时的熊扬石是名普通的大一学生，整天闲得很，却极喜欢关注互联网方面的信息。有一天他偶然看到了京东入驻高校的新闻，知道了高校推广员这个职业，于是有了尝试的念头。

在做推广员期间，熊扬石充分利用京东提供的资金，招了几位兼职学生来扩大队伍，不断进行线上线下的推广，还积极与学校学生组织合作，甚至利用学校一些学生活动的人数优势充分宣传……两年多下来，熊扬石拓展的京东用户超过2万户，在重庆高校推广中位列前茅，并获得去京东总部实习的offer。面对总部抛出的橄榄枝，熊扬石却拒绝了——他不喜欢公司朝九晚五的单一生活方式，而喜欢自由。他觉得如果自己创业的话，成就感会更强、能更好支配时间。

有了创业的念头后，熊扬石开始行动了。最开始他的定位还是做校园推广，比如为驾校、补习机构等发展校园客户。有一天取快递的时候，他遇到了一个收购新手机的人。"那人问我愿不愿意把新拿到的手机卖给他。"熊扬石很好奇一个收手机的人能赚什么钱，于是深入了解了这个行业的商机，他发现稍微抬高价格收购新机再高价转售给商家，其间赚到的差价很可观。

突然间，他有了一个新的想法。想到自己做京东校园推广时积累下的人脉和经济资源，熊扬石决定做B2B（指企业与企业之间通过专用网络或Internet，进行数据信息的交换、传递，开展交易活动的商业模式）的渠道商，利用消费者的京东、苏宁、唯品会等电商账号来下单促销的电子产品，然后再将购得的大量电子产品卖给西南地区销售商。"销售商需求量大，一次性需要几千台电子产品，但一个电商账号有限购数量，如果销售商绕过像我这样的中间商直接下单就会供不应求。"熊扬石详细解释，"电商每个月都会有各种各样的促销活动，我利用以前积累的账号来购买，再转售给下游需求商，大家各求所需，其实不仅共赢还促进了市场流通。"

现在我国几大知名电商物流发展得越来越完善，因此下单的大量电子产品也无需担心储存问题。"像京东这样的大电商会提供近距离、安全的货仓，我们提货不仅方便而且也很放心。"熊扬石说，"而且我和之前那个收购手机的人成了朋友，通过他接触到了很多重庆、成都的下游商，所以市场我目前也不需要担心。"

事实上，整套流程中最关键的是资金和账户问题。为了满足客户大量的需求，中间商就得花更多钱在电商下单，这也就意味着公司需要更多相应电商的账户。熊扬石拥有 2000 多个像京东、苏宁、唯品会这样的电商账号，他现在的资金基本能支配 2000 个左右账户，比较平衡。

2020 年暑假，熊扬石回家发现自己面临高考的堂弟学习成绩无法提高。"我让他在网上搜不会做的数学题，但他是艺体生，数学基础薄弱，很多都看不懂。"熊扬石关注了目前市场上用户量高的几大解题 APP。"我还没看到有哪个 APP 专门针对艺体生这一人群。"熊扬石说。他有了设计一个针对艺体生的教育类 APP 的念头。

在熊扬石看来，想要于遍地开花的互联网行业发展，给公司准确定位、精准细分市场十分重要。

【本章思考题】

1. 简述创业机会的来源。

2. 简述识别创业机会的常见方法。

3. 你认为识别创业机会最大的难题是什么？

4. 小组讨论：根据高校周边环境和消费群体特征，请以小组为单位寻找现存或潜在的创业机会，对该创业机会进行分析并阐述理由，并对识别的创业机会加以评估，最后做出决策。

第五章　创业团队组建与管理

企业发展就是要发展一批狼。狼有三大特性：一是敏锐的嗅觉；二是不屈不挠、奋不顾身的进攻精神；三是群体奋斗的意识。

——任正非

第一节　创业者素质与能力

一、创业者的概念

创业者的定义可分为狭义和广义两种。

狭义的创业者也就是大众眼中的成功企业家，是参与创业活动的核心人员，称为核心创业者。但随着时代的进步，思维的创新，创业活动的方式更加多种多样，创业活动的阶段更加复杂，创业活动所需的人才更加多元，正如李克强总理提出的"大众创业、万众创新"里的创业是广义的创业一样，广义的创业者是指参与创业活动的全部人员，包括正在创业路上的人们。他们是通过个人或组织的力量，运用手中有限的资源，慧眼识珠，将种种"假设"和"如果"付诸实践，将"微不足道"变成"耀眼明珠"，将"不可能"改变成"可能"的一群人。无论是小企业的创始人，还是大企业内部的雇员，只要他们发现并利用市场中的机会，创造性地改变现状，推动团队前进，他们就是创业者，见表5-1。

表 5-1　95 后年轻创业者典型代表

创业者	创业项目	项目简介
张议云	口袋兼职	基于大数据分析给用户提供匹配的兼职岗位
王洋超	达拓科技	互联网金融、电子商务、旅游、云计算
勾英达	野农优品	一家向消费者提供优质产品的电商网站
徐可	ERA	一款技能货币化的社交软件
孔庆勋	创业猫	一站式创业服务平台
王凯歆	神奇百货	对应95后垂直市场的电商平台

二、创业者素质与能力要求

(一) 身体素质

身体是革命的本钱。人从事任何工作首要条件就是身体健康，更何况创业是艰苦、复杂且长久的过程，良好的身体素质显得格外重要。特别是创业初期，需要处理、协调、确定的事情数不胜数，大小事务都需要创业者亲力亲为，例如组建团队、市场调研、技术研发、产品定位、宣传营销等，通常工作时间长、工作任务重、工作压力大。所谓万事开头难，每一项工作都需要付出比日常更多的心力和体力。因此，这就需要创业者有健康的体魄和充沛的精力。所以，在创办企业之前，应先衡量自身的身体素质或加强自身的身体素质以达到创业的需要。

(二) 心理素质

创业之路，从来不是一帆风顺，而是充满荆棘、跌宕起伏，创业者需具备良好的心理素质应对创业活动中遇到的困境、曲折，或是成功。

1. 创业热情

创业热情是创业者从事创业活动的强大内在动力。这种激情能鼓舞创业者抓住机遇、应对风险，去改变世界、影响他人、成就自我。保有创业热情，创业者才会在稳定的工作和富有挑战的创业中选择创业；保有创业热情，创业者才会在屡败屡战，在创业这条道路上永不停下脚步。

2. 自信心

自信是个体长期保持对自我能力的感知和评价，反映了个体对自身能力、重要性和价值认可的程度。对于创业者而言，要对自己所进行的创业活动抱有坚定不移的信念和坚决执行的态度。否则，遇到逆境和困难或者他人的否定、不看好，自身便会产生怀疑，然后动摇退缩，那就有可能半途而废、遇难则退。因此，自信心是创业者应对外界质疑声音、逆境困难的有力武器，能够降低风险对创业者制造的心理压力，让创业者全心投入，创业才有可能成功。

3. 调控力

市场如同天气变幻莫测，创业过程更如同坐"过山车"般惊险刺激，彼时的你可能眼光独到尝到了甜头，飞跃在顶端，殊不知此时的你可能因为政策变化，"一夜回到解放前"，跌倒在谷底。如果你顶不住肩上的千斤重，如果你稍稍成功就沾沾自喜，如果你没有较强的自我调控能力以适应多变的外界环境，如果你做不到"胜不骄 败不馁"，那你便会得意忘形或一蹶不振，最终，你的创业路是走不远的。创业者需要在面对成功时戒骄，失败时戒躁，无论处于什么阶段都要学会总结经验，做好从成功的兴奋中清醒或是失败的泥潭里振作的自我调节准备。面对压力，要妥善调控情绪，坦然接受各种压力，从容分析压力原因并找出排解压力的对策；面对失败，承认暂时的失败现实，停一停，想一想，为下一次开始充电；面对成功，避免骄傲自满，要看到短暂成功中蕴藏的危机，做好预防，并保持成功的势头，继续发展壮大。

4. 意志力

创业是一个漫长、艰辛、曲折的过程，一蹴而就、迅速成功的案例寥寥无几，创业者需要百折不挠、坚持不懈的顽强意志力，长期坚持奋斗，不会因漫长退而却步，不会因艰辛畏难停步，不会因曲折知难而退。创业者要在曲折中前进，抱有一颗持之以恒的意志力，纵有千难万险，千辛万苦，也要咬牙坚持，要有不轻易放弃创业初心，绝不半途而废的意志力。

5. 胆量

创业过程充满了未知，机会与风险并存，想要成为第一个吃螃蟹的人，也就必须承担别人不敢承担的风险。所以，创业者也是开拓者，只有敢于冒险、敢于理性的冒险、敢于承担风险才能抢占先机，果断地抓住机会。因此，在有足够的科学风险分析的前提下，进行适当的冒险，是创业者需要具备的胆量。

（三）文化素质

创业不同于一般专业技术岗位，创业活动环节多、涉及面广，创业者必须博学多才，具有一专多能的知识结构，才能进行创造性思维，经营管理好企业。

1. 专业技术知识

专业技术知识是指从事某种职业所特需具备的知识和技能。行业不同，领域不同，对专业知识及能力的要求不同，未掌握专业知识或不具备专业能力的人便无法承担某一份工作，无法做好某一个职业。创业是基于某一个行业，始于某一个技术，不同的创业者需要不同的专业技术知识，如智能制造类企业，需要机械工作、AI 技术、编程等知识；跨境电商类企业，需要商务英语、物流信息技术、采购与供应管理等知识；教育培训类企业，需要教育心理学、教育学等知识，因此与本行业和相关行业的专业技术知识对于创业者至关重要，专业技术知识是创业者文化素质的基石。

2. 市场营销知识

创业的最终目的是实现价值，也就是将创意变成产品最终变成商品的过程。如何销售以营利直接决定着创业是否成功。因此，对创业者而言，行之有效的市场营销非常关键。市场营销不是简单的发布广告，在创业初期，没有多余的资金，没有专业的市场营销部门，多数只能通过创业者亲力亲为营销来获得订单。所以，必备的市场营销知识非常重要。

3. 现代管理知识

创业者也是管理者。作为一个企业，经营过程涉及人员、物资、财务等多方面的管理和调配，甚至品牌的树立。松下幸之助说过，经营企业，是许多环节的共同运作，差一个念头，就决定整个失败。现代管理知识是综合知识，对大学生创业者而言，必须有意识涉猎管理知识，在创业管理实践中逐渐加强管理能力。如果缺乏现代管理知识，企业内部将是一团麻。

4. 计算机网络知识

计算机网络知识不单指熟悉使用计算机办公，更多的是掌握互联网技术。21 世纪是互联网时代，是大数据时代，合理适当的运用互联网手段和思维，创业将事半功倍。如 OFO 共享单车、直播带货、智慧城市、云课堂、新媒体运营等，特别是"互联网+"农产品，因为有了互联网助力，因为创业者掌握了计算机网络知识，使得一个个创业活动取得成功。

5. 其他行业相关知识

除了以上的四类知识，创业过程中，还会遇到知识产权、法律纠纷、招投标等事件。因此，创业者需要不断完善自身的知识体系，补充行业相关知识，朝着T 字形人才发展。

(四) 道德素质

商业世界，充满金钱物欲诱惑，对于创业者，能够抵住诱惑，坚守道德立场，做到先为人，再行商，做一个对群众有善意，对社会有责任的人。

1. 诚信

孟子曰："诚，乃立于天人合一与性善论之上，无道乃诚也。"《中国消费者协会 2004 年主题"讲信、维权"宣传提纲》也阐明要求经营者及市场中介机构，在市场活动中，以诚实信用原则作为基本的商业首先标准和根本的行为准则，切实履行《消费者权益保护法》等法律、法规规定的义务，全面、充分履行与消费者的约定义务，守诺践约，反对规避自身义务及各种商业欺诈行为，形成"守信光荣失信可耻"的市场监督机制。诚信乃行商之本，做人之根。诚实守信可以建立良好的商业关系和消费者认同感。诚实守信是商场上最有利的竞争手段，创业者个人的诚信直接影响外界对于他的商品的认可程度。与创业者相关联的人群都十分重视创业者的诚信品质，诚信有问题的创业者往往不能获得供应商的合作和投资者的投资，商品销售量也会一落千丈，更严重者会受到法律的制裁。一次无诚信，将会永远被打上不守诚信的烙印。目前，企业失信行为已列入经营异常名录，一旦进入该名单，就算缴纳罚款，一定时间内依然影响该企业正常经营，例如无法评优、无法上市，企业法人被限制出行等。因此，诚实守信对于创业者而言十分重要。

2. 责任感

创业活动串联起了创业者、团队、员工、客户、消费者，创业者的每一个决策、每一个战略、每一次行动都影响着团队、员工的生活。因此，创业者需要有责任感，认真做出每一个决定，保障团队、员工的切身利益。不能因为遇到一点困难就轻易放弃，因为创业者的一次放弃，员工就会因此而失业。责任感强的创业者进行商业活动想着不只是盈利，还有团队、员工的未来。古语云："天下兴亡，匹夫有责。"也就是说每个人都应该对国家和社会富有责任感，这是做人的最基本的准则。作为企业，除了盈利之外，还应该服务社会、创造文化、提供就业机会、实现行业有序发展、社会持续发展。例如，2004 年，近百名企业家出资亿元成立"阿拉善 SEE 生态协会"，并在内蒙古阿拉善盟联合发表《阿拉善宣言》。他们表示，在经济高速增长的同时，他们一些对自然不友好的生产方式使自然环境遭到破坏，他们将直觉地将企业发展和环境保护共同纳入视野，积极寻求经济增长与环境保护的统一。2007 年，一汽-大众联合青基金、中国运动员教育基金会共同发起"中国新未来行动"，致力于改善中国各地区希望小学硬件教学条件。可以发现，越来越多的企业成立奖学金、爱心基金，参与到环境保护、助农脱贫当中，他们都是在践行社会责任感。所以，作为创业者，应为社会创造更多的财富，担当起更多的社会责任。

（五）能力素质

1. 创新能力

创业始于创新，创新是创业活动持续发展的驱动力。对于创业者而言，创意点子、产品研发、市场定位、商业模式、营销手段、公司管理等都需要创新性的理念和想法，即打破固有模式和思维，才能在创业浪潮中脱颖而出。创新是贯穿创业全过程，创新也不单单指技术创新，创业也不只围绕单一不迭代的产品或模式，因此，创新能力是创业者能力素质最根本的组成部分。

2. 领导能力

领导能力是创业活动运行的润滑剂，贯穿创业的全流程中。领导能力包括执行力、战略思维能力、分析判断力、凝聚力。创业者就是一个企业的领导者。对于创业团队而言，决定团队整体发展效率的能力，就是创始人的领导能力。创始人需要带领团队跨越障碍、执行计划、完成事业，整个过程都需要创业者有足够的领导力，才能带领团队更好地完成创业任务。《激发进取精神-如何培养杰出领导能力》一书指出领导能力是后天习得的，而非天生的。这就要求创业者必须在锤炼自身执行能力的基础上，培养卓越的领导能力，才能支撑创业项目不断壮大。创业者可通过以下六个维度进行领导能力的提升，见图 5-1。

3. 沟通能力

斯坦福研究中心指出："一个人赚的钱，87.5%来自人际关系，12.5%来自所学的知识。"创业企业不是单打独斗的过程，而是充满人际交往、信息互通、资源共享。整个过程中，对内，创业者需要与创业团队有良好的沟通，处理好分工合作的关系，协调部门之间的问题；对外，采购、销售、融资过程都要和供应商、消费者、政府、媒体、同行处理好合作竞争关系。较强的沟通能力，能够清楚、有效地表达见解，传递有用的讯息，建立良好的人际关系，使得合作更易达成，问题更易解决。

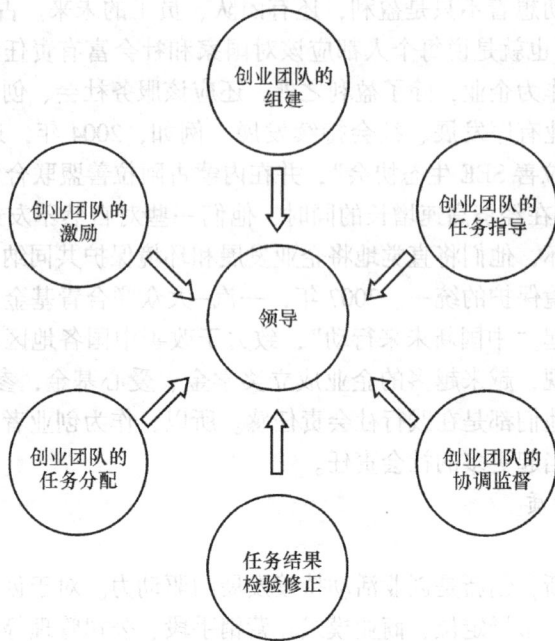

图 5-1 领导能力提升的六个维度

4. 学习能力

创业不同于一般专业技术岗位，创业活动环节多、涉及面广，创业者必须博学多才，具有一专多能的知识结构，才能进行创造性思维，经营管理好企业。因此，这就要求创业者需要具备较强的学习能力，去学习非自己专业特长的，与荒野活动密切相关的知识，例如市场营销知识、财务管理知识、法律法规知识、企业管理知识、人力资源知识等。更重要的是，随着时代进步，知识更新，技术迭代，在面对多变的环境和激烈的竞争中，创业者必须快速通过学习掌握新的未知的知识，把握社会和行业发展的动态，才能立于不败之地。因此，较强的学习能力是影响企业发展的关键因素。

5. 管理能力

管理能力从根本上说就是提高组织效率的能力。创业过程就是一个将人、财、物、资源、信息、时间等各要素进行有效组织管理的过程。如何能将有限的要素组织管理好，使其利用率最大化，显得尤为重要。如果创业者没有较高水平的管理能力，企业内部将是一盘散沙，难以形成合力。所以，创业者需要不断提高自身的管理能力，准确把控事业发展动态、把握组织的效率。创业者管理能力要求见表 5-2。

表 5-2 创业者管理能力要求

管理能力	具体表现
组织管理能力	指对人员、物资等的管理和调配能力，将企业形成一个有机整体
战略管理能力	指具有战略眼光，能够把握形势，审时度势，做出决策
人力资源管理能力	指善于发现人才、合理使用人才和主动培养人才
财务管理能力	指妥善和高效运用资金，懂得开源节流

6. 营销能力

企业是以盈利为目标，如何获利，如何比竞争对手更有效率地满足目标市场的用户需求依靠的是市场营销手段。市场营销是产品与商品的桥梁，是企业与用户的纽带，许多初创企业的商业计划都是围绕着市场营销计划为核心来计划与执行的。让用户从认知到认可，从"叫好"到"叫座"，从而购买产品，都是通过市场营销手段来实现，主要包含市场调研、产品表达、价格调控、促销策划、渠道构建、品牌推广等方式。因此，对于创业者来说，具备较强的营销能力至关重要。

7. 资源整合能力

创业过程需要各种资源，包括信息资源、人力资源、财力资源、物力资源、技术资源等，这些都是为创业活动奠定坚实的基石。创业者在创业过程中，需要将有限的资源进行有效的整合，才能确保企业不断向前走。信息的收集、筛选、使用，人员的招聘、任用，财力、物力的分配、使用等，都需要缜密的统筹、规划，使之互相配合，发挥最大的功效，达到事半功倍的效果。中国创业网的专家认为，任何一个创业者也不可能具备所有的资源，也不可能把创业过程涉及的问题都独立解决。因此，关键在于要学会将有限的资源进行有效的整合。善用资源是创业者必须具备的能力，只有用到恰到好处的资源还是活资源。

三、创业动机

（一）创业动机概述

创业不只是以获取利益为目的的活动。创业的核心在于创建有社会价值、企业文化，使社会进步的创新性企业。因此，创业动机旨在鼓励和引导创业者为实现创业成功而行动的内在力量。

创业动机来源于创业者的需求层次及其影响因素的共同作用。不同的创业动机导致创业者创业行为过程与行为结果的差异。同时，创业者的创业活动会使得创业需求得到满足。

（二）创业动机的分类

由于对成就的需求、个人期望、喜好、环境与机遇等因素不同，产生了不同的创业动机。概括来说，创业动机可以分为生存需要型、自我实现型、累积经验型、扩大就业型。

1. 生存需要型

由于求职受阻或职场收入难以维系生活和家庭开销，家庭经济状况拮据，在沉重的经济负担压力下，为了维持正常的生活，很多大学生选择创业来改变经济现状。例如，犹太民族就是因为受到社会、文化、政治和历史原因的影响，迫使他们为了生存不得不开拓创新，潜心创业，以提高自身财富地位融入社会。

2. 自我实现型

根据心理学家马斯洛的需求层次理论可知，生理需求是最低需求，而个人的尊重需求、自我价值实现的需求是高层次的终极目标，这揭示了众多自我实现型创业动机的根本原因。许多创业者往往是在曾经的职业发展过程中怀才不遇，能力和抱负无法实现，为了得到应有的尊重和认可，选择踏上创业之路。赛普拉斯半导体公司的创始人在世界最大的半导体公司超微半导体设备公司工作，处于迅速成长的上升期时，发现企业的运营并非想象中完美，同时认识到自己有能力去开创更加优秀、伟大的事业时，毅然选择辞职并开创自己的事业，实现自己的价值。

自我实现型创业者往往来源于不满足企业现状的管理人员，从"为别人打工"的思维模式跳出来，转向建立自己的企业，成为"老板"，实现自己成功的目标。

3. 累积经验型

随着对外部世界的深入接触，许多大学生想要增加自己的实践经验，丰富课余生活，提升自己的社会阅历，便会走上创业道路。这类型的创业者往往以锻炼为目的，承受失败的能力较强。

4. 扩大就业型

当代大学生就业形势一直十分严峻，招聘市场处于企业招不到合适的人，毕业生找不到合适的工作的两难境地。在这种情况下，一部分大学生为了从事自己喜欢的行业和工作，便选择开始创业，缓解就业压力。

【分析工具】

创业者素质分析评估。美国 HMO 协会设计出了一份问卷，可是你在做出决策前对自己有一个初步的了解。

基本素质测试问卷

指导语：下面各题均有四个选择，答案：A. 是；B. 多数；C. 少数；D. 从不。请在符合你实际情况的小括号内填上 A、B、C、D。

(1) 在亟须做出决策的时候，你是否在想："再让我考虑一下吧?"（　　）

（2）你是否为自己的优柔寡断找借口说："是得好好慎重考虑，怎能轻易下结论呢？"（　　）

（3）你是否为避免冒犯某个或某几个有相当实力的客户而有意回避一些关键性的问题甚至表现得曲意逢迎呢？（　　）

（4）你已经有了很多写报告用的参考资料，但仍责令下属部门继续提供？（　　）

（5）你处理往来函件时，是否读完就扔进文件框，不采取任何措施？（　　）

（6）你是否无论遇到什么紧急任务，都先处理琐碎的日常事务？（　　）

（7）你非得在巨大的压力下才肯承担重任吗？（　　）

（8）你是否无力抵御或预防妨碍你完成重要任务的干扰与危机？（　　）

（9）你在决定重要的行动计划时常忽视其后果吗？（　　）

（10）当你需要做出可能不得人心的决策时，是否找借口逃避而不敢面对？（　　）

（11）你是否总是在快下班时才发现有要紧事没办，只好晚上回家加班？（　　）

（12）你是否因不愿承担艰巨任务而寻找各种借口？（　　）

（13）你是否常来不及躲避或预防困难情形的发生？（　　）

（14）你总是拐弯抹角地宣布可能得罪他人的决定？（　　）

（15）你喜欢让别人替你做自己不愿做的事吗？（　　）

计分方式：

A. 是（记4分）；B. 多数（记3分）；C. 很少（记2分）；D. 从不（记1分）。将各项分数加起来即为总分。

结果分析：

50~60分：你的个人素质与创业者相差甚远；

40~49分：你不算勤勉，应彻底改变拖沓、效率低的缺点，否则创业只是一句空话；

30~39分：大多数情况下充满自信，但有时犹豫不决，不过没关系，有时候犹豫是成熟、稳重和深思熟虑的表现；

15~29分：你是一个高效率的决策者和管理者，更是一个成功的创业者，具有良好的心理素质和坚韧不拔的毅力。

拓展练习：我的价值观

练习目标：对自己的价值观有全面的认识。

练习小组：你可以和周围的同学组成活动小组。

练习要求：请在你认为符合自己的价值观的后边打钩，完成后与小组成员分享并讨论完成以下问题。

价值观清单:

责任感		自治		灵活性		目标意识	
成就		平衡		自由		质量	
进步		团体		友情		识别力	
冒险		竞争		成长		关系	
权威		挑战		和谐		名誉	
变革		参与		帮助他人		尊重	
同情		知识		同质		职责	
能力		领导力		诚实		结果	
服从		忠诚		谦逊		安全	
相互关联		有意义的工作		兼容并包		自律	
一致性		精英制度		个性		自我尊重	
建设性的异议		开放性		影响力		平静	
合作		机会		创新		稳定	
敬重		命令		正直		明星身份	
多样性		激情		智力		地位	
伦理道德		完美		团队合作		财富	
优秀		个人发展		真理		智慧	
兴奋		体能测试		其他未列出的请添加在下面			
公平		政治因素					
名声		权利					
快节奏		隐私					
移情		公共服务					

【拓展训练】

(1) 创业者应具备的价值观?

(2) 假如让你选择创业,你最可能基于什么动机?

第二节 组建创业团队

一、创业团队的含义及其作用

(一) 创业团队的定义

管理学家斯蒂芬·P. 罗宾斯认为，团队就是由两个或者两个以上的，相互作用、相互依赖的个体，为了特定目标而按照一定规则结合在一起的组织。而创业团队是为了创业这个目标而组建的团队。美国管理学家劳伦斯·霍普认为，创业团队是在特定的可操作范围内，为实现特别目标而共同合作的人的共同体。通俗来讲，创业团队就是由技能互补、贡献互补的创业者主城的特定群体，他们共同参与企业创业过程，共同分担创业的困难，共同分享创业的成果。

(二) 创业团队成员的角色定位

一个成功的创业团队，团队成员之间必然是优势互补关系，他们在团队中扮演着不同的角色，各有特色，缺一不可，主要有领导者、创新者等几种角色类型。

1. 领导者

领导者的特点在于对整个创业过程所需知识、技能较精通的人，有较强的洞察力和决策能力，责任意识强，有威信，更有个人感召力，能够激发团队成员的优势，是创业团队的主心骨。

2. 创新者

创新者的特点在于能提出新颖的创意以及不同的见解，为企业创新发展助力。

3. 实干者

实干者的特点在于具有较强的执行力，能够将创意付诸行动，为企业发展打下基础。

4. 协调者

协调者的特点在于善于沟通、协调处理创业过程中出现的问题、摩擦，为企业稳定发展添加润滑剂。

5. 推进者

推进者的特点在于促进工作的实施开展，提高组织效率，是企业进一步发展的助推器。

6. 信息者

信息者的特点在于对信息具有敏锐性并擅长信息整理，能够及时、准确地为团队提供信息。

7. 凝聚者

凝聚者的特点在于能够将团队凝聚在一起，集体有凝聚力，成员有归属感，才能形成合力，减少内部矛盾的发生。

8. 监督者

监督者的特点在于对创业过程的各种决策、实施进行监督，及时发现存在的问题加以纠正，是企业健康成长的鞭策者。

9. 完善者

完善者的特点在于注重细节，强调高标准，对创业的每一个细节进行打磨，反复钻研，最优的提高产品品质，是"最后一厘米"的把关者。

值得一提的是，在实际创业过程中，由于团队成员人数或各人专长的不同，存在一人承担几个角色的现象，也是合理、常见的情况。重要的是要了解自己的角色定位，再根据其他角色去物色合适的人选。

（三）创业团队的类型

一般来说，创业团队按照是否有领导者分为三类：星状创业团队、网状创业团队、虚拟星状创业团队。

1. 星状创业团队

团队中明确有一位主导人，又称为有领导者创业团队。通常情况下，是主导人有了创业的想法，根据创业计划进行创业团队的组建。该类型的创业团队组织结构紧密，向心力强，决策程序简单，组织效率高，但容易形成权力过分集中的局面，导致决策失误的风险增大，一旦有严重冲突，团队成员变动较大。

2. 网状创业团队

创业团队组成时没有明确的核心人物，又称无领导创业团队。一般是一群结识的同学、同事、亲友，基于一些互动激发某一创业想法，并达成创业共识后开始创业。该类型的创业团队整体结构松散，组织效率较低，但关系密切、地位平等，决策更民主，产生冲突一般采用协商方式解决，团队成员因此离开的可能性较小。

3. 虚拟星状创业团队

该类型处于前两种类型的中间形式，又称半领导创业团队。团队中存在核心人物，但核心人物因资历高、贡献大或能力强由团队成员协商确定，因此核心人物不是主导型角色，而是充分考虑其他成员意见而做出决策。

（四）创业团队的作用

俗语说："一个篱笆三个桩，一个好汉三个帮。"蚂蚁军团的故事告诉我们"二人同心，其利断金。"由此可知，团队的力量是巨大的。美国一项研究表明，调研的 104 家高科技企业中，年销售额达 500 万美元以上的高成长企业里，83.3%的企业是以团队形式成立的。著名管理学家安德鲁·卡内基曾说："带走我的员工，把我的工厂留下，不久后工厂就会长满杂草；拿走我的工厂，把我的员工留下，不久后我们还会有更好的工厂。"由此可见，以团队为形式的创业优势远大于个人创业，创业团队特有的凝聚力、合作互补、创意集成能帮助企业渡过难关，加快企业前进的步伐，对于企业迅速发展壮大有着至关重要的作用。总的来说，创业团队的作用体现在以下几个方面。

1. 创业资源更丰富

创业活动环节多、涉及面广，而一个人不可能同时精通创业过程所涉及的知识、技术，掌握所有的社会关系和拥有足够的资金，但这些资源获取的程度直接影响创业效果。创业团队成员各有所长，可以实现知识、技能的互补，拓宽社会关系，增加资金池，使产品技术更稳定，社会资源更丰富，资金保障更有效。创业团队就是能够把互补的资源整合在一起，其力量大于个人力量的总和。

2. 信息收集更全面

市场是动态变化的，而一个人获取的信息的渠道、能力和理解是有局限性和侧重点的，如何能使获得的信息更加全面、准确和及时，就得依靠创业团队合作。因为创业团队成员专业技能、经验不同，能够在获取信息的过程实现互补，让团队获取更为全面的信息，对待变化中的事物更为灵活、敏感。

3. 决策风险更小

以团队形式的创业有利于分散创业风险。无论是哪种类型的创业团队，都不是独裁体制，在创业过程中做出任何决策前，都是创业团队成员充分发挥积极性和创造力，经过充分讨论而得出的结论，极大可能避免个人创业时的判断失误，有效降低决策风险。

4. 心理环境更健康

创业团队因为一个目标相聚在一起，共同承担风险，共同分享喜悦，他们在集体创新、分享认知、共担风险、协作进取的过程中，形成了革命友谊。每当遇到困境时，有创业团队一起支撑、开解，创业者更容易走出阴霾。创业团队的存在有利于营造轻松愉快、积极向上的健康心理环境。

二、创业团队组建的基本原则

创业要找最合适的人，不一定要找最成功的人。组建团队，就是一个寻找人才的过程，但人才往往可遇不可求。组建合适的创业团队，需要掌握以下几项基本原则。

（一）目标一致

明确合理的创业目标是创业团队组建的首要原则。只有成员个人的目标清晰且明确，与企业的愿景达成一致，认同团队将要努力的目标和方向，拥有共同的价值观，把个人梦想整合到组织梦想中，并愿意为此而奋斗，齐心协力，合二为一，才能最终取得成功。

（二）品行优良

牛根生的用人理论将人分成四类：有德有才、有德无才、无德有才、无德无才。创业团队成员一定要选择有德有才之人。品行优良指具备创业者素质与能力要求（见本书第五章第一节），如果成员品行不端，例如好吃懒做，便无法推进工作；说谎成性，便影响企业的信誉度；自私自利，便钻营弄巧、激化矛盾；抗压能力弱，便无法承担高强度工作。因此，所指的人才，不只看重"才"还要看重"人"，也是人的品行。

（三）优势互补

团队成员优势互补是创业团队组建的根本原则。创业者之所以寻求团队合作，其根本目的就是在于弥补达成创业目标所需素质与能力与自身素质与能力之间的差距。那么，在组建创业团队时，要根据创业目标，对应当前所空缺的资源，寻找在知识、技能、资源、经验、性格、观念等方面能够实现互补的人才，发挥出 1+1>2 的整合效应。只有成员间的能力形成良好的互补，才有助于强化成员间的合作，保证企业健康有序地发展。

（四）权益合理

权益合理分配是最被忽视的一项原则，却又是最终导致团队解散、成员反目的主要诱因。传统观念认为谈钱伤感情，但如果事先不谈清楚则后患无穷。创业初期，成员间依靠创业激情、信任、友情进行维系。当企业步入正轨，利润增加时，个人利益观念就会愈发凸显。由于没有明确的权利分配方案，当任一成员认为自己的付出与收入不成正比时，便容易产生负面情绪，甚至离开企业，严重影响企业的正常运转。所以，健全的权益分配方案，是避免团队冲突的有力手段，也是一种激励方式。创业初期，一般采用股权形式进行权益分配。在确定股权分配时，需要遵循三个原则：第一，重视契约精神；第二，遵循按劳分配；第三，控制权与决策权相统一。

（五）人数合宜

一般而言，创业团队的人数控制在 3~5 人为宜。首先，成员太多，思想不宜统一，导致组织效率低下。其次，创业初期，为减少运作成本，最大比例分享成果，创业团队人员构成应在保证企业能高效运作前提下尽量精简。最后，3~5人基本能够做到优势互补，便于分工合作有效开展。

三、组建创业团队的步骤

组建创业团队不是大海捞针，也不是守株待兔，是有迹可循、有章可依。当创业者有了创业点子之后，通常采用以下步骤组建创业团队，见图 5-2。

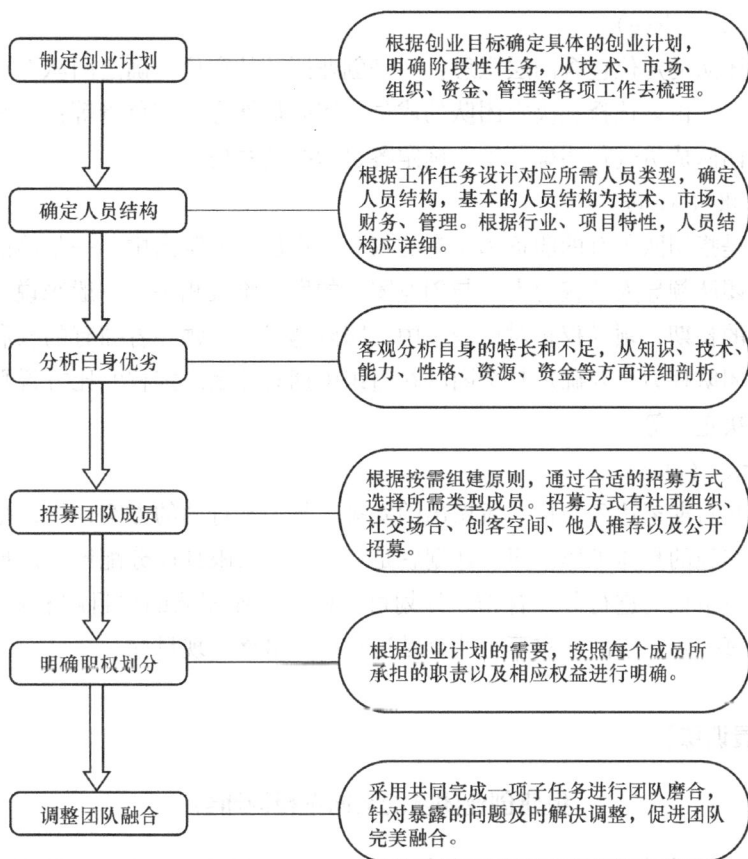

图 5-2　组建创业团队的步骤

【分析工具】

创业团队的五个组成要素（5P）。

1. 目标（purpose）

高效的创业团队应该有一个既定、明确的目标，目标为团队成员导航，引导团队成员的思想和行为，激励团队成员将个人目标升华到集体目标。没有目标，团队就没有存在的价值。

2. 人员（people）

人是构成创业团队最核心的力量，三个或者三个以上的人就可以构成团队。目标是通过人员具体实现的，所以人员的选择是创业团队中非常重要的一个部分。在一个团队中可能需要有人出主意，有人定计划，有人实施，有人组织协调，还有人监督团队工作的进展，评价团队最终的贡献，不同的人通过分工来共同完成团队的目标，因此在人员选择方面要考虑到人员的知识、能力和经验如何，技能是否互补。

3. 定位（place）

创业团队的定位包含两层意思：一是创业团队的定位，确定团队在企业中处于什么位置，由谁选择和决定团队的成员，团队最终应对谁负责等；二是个体的定位，对团队成员进行明确分工，确定各自承担的责任。

4. 权限（power）

权限是指团队负有的职责和享有的权利。在创业团队当中，一是团队领导人的权力。团队领导人的权力大小与创业团队的发展阶段相关。一般来说，在创业团队发展的初期，领导权相对比较集中，团队越成熟，领导者拥有的权利相应越小。二是团队权力。要确定整个团队在组织中拥有什么决定权？比方说财务决定权，人事决定权等。

5. 计划（plan）

计划是对期望达到的目标所做出的安排，是未来行动的方案，可以把计划理解成目标实施的具体工作程序。计划就是将团队的权限具体分配给团队成员，并明确团队成员如何进行分工合作。计划可以确保创业团队的项目顺利进行计划。只有在认真一步一步的落实下，才会贴近目标并最终实现目标。

【拓展训练】

组建创业团队的双向选择沟通会

1. 在创业者素质测评中得分最高的_____位同学自愿成为团队发起人；

2. 每位发起人将商业创意名称、成员招募需求、人数等写在白纸上，并做一个三分钟的演讲，进行自我介绍，阐述自己的商业创意；

3. 其他同学制作自己的人才信息卡片，填上自己的专业技能、性格特点、资源渠道、人际关系等信息；

4. 其他同学听完所有发起人的演讲后，自愿选择想要加入的团队，把人才信息卡贴在发起人的白纸上；

5. 发起人与想要加入的同学面谈，根据申请者的价值观、加入目的、能力、性格、兴趣等对团队成员进行筛选，每支团队不超过_____人；

6. 落选的同学，重新进行第二次选择，每支团队再进行调整，增加或减少人数；

7. 组成团队后，为团队取一个有互联网科技特色的名称，拍摄团队创意合照，制订成员分工结构。

第三节 管理创业团队

一、高效创业团队的基本特征

初创团队，由于受到资源、经验的限制，组建的团队并非最理想状态，但可以通过有效的管理，完善团队要素，提高组织效率。高效创业团队具有更高的工作效率，源于目标明确、有效领导、良好沟通、相互信任、优势互补、制度完善、团队意识。

（一）目标明确

这是其高效创业团队的基本特征。有目标才有动力，明确的目标能够为团队成员指引方向，推动成员为之努力奋斗。明确的目标是创业机会识别、创业计划制订、创业任务实施等环节的指挥棒。一旦目标不明确、不合实际，创业团队就像无头苍蝇一样，无法将创业落到实处，最终导致企业无法生存。

（二）有效领导

无论什么类型的创业团队，都有核心人物。核心人物是否做到有效领导，是团队工作是否高效的首要因素。合格的领导者，不仅制订团队的方向，设定工作目标，协调内外关系，也要能够让团队凝聚，带领大家一同克服困难。有效的领导，可以提高组织效率，增强成员士气，带领成员实现组织的目标和任务。

（三）良好沟通

畅所欲言，各抒己见，是高效创业团队的秘密武器。团队成员教育背景、经历资源不同，对待事物的看法和判断不同，充分的沟通既能发挥每个成员的作用，碰撞出火花，又能减少个人判断带来的风险。只有良好沟通，成员之间才能准确了解彼此的想法，确保思想达成一致。良好的沟通还能加强内部团结，化解内部矛盾，减少分歧，提升其工作效率。

（四）相互信任

相互信任是高效团队的共同特征。所谓"用人不疑，疑人不用"。创业团队作为一个整体，有着共同的目标，只有相互信任，每个成员才能协同工作中更加亲密无间，才会全身心投入共同的事业。

（五）优势互补

优势互补是高效创业团队的制胜法宝。高效创业团队在人员结构上一定趋近理想，不是每个成员技能多强、资源多广，而是每个成员都能够找准合适的位置，并把自己的优势发挥到极致，团队间形成默契的配合。

（六）制度完善

制度是企业稳定发展的保障。完善的制度能够使成员工作有章可循、有章可依，让成员的行为准则保持一致，制度完善能够使管理更有效，从而降低不必要的内外消耗，使组织高效运转。

（七）团队意识

团队成员对于团队表现出的高度忠诚和认同，才能调动自己最大的潜力，才能将团队利益置于个人利益至上。有了团队意识，团队才有凝聚力，团队运转才更高效。

二、管理高效创业团队的方法

绝大多数的创业团队在组建初期并不具备高效的特征，卓越的创业团队的管理方法，是创业成功的制胜之道。

（一）确立明确的发展目标

明确的发展目标在创业团队管理中具有特殊的价值。孙子曰："上下同欲者胜。"明确的发展目标，促使成员清晰了解团队的发展方向，并将个人目标与团队目标相融合，向团队目标看齐。统一的发展目标能够为团队成员指引方向，推动成员为之努力奋斗。因此，创始人需要在组建团队初期尽量去统一团队成员的目标，让他们将团队目标作为自己的行动目标，置于个人目标之上。

（二）打造良好的团队文化

团队文化是一个团队的灵魂。团队文化对企业发放有着目标导向、凝聚、激励和控制作用。团队文化是指团队成员在分工合作的过程中，为完成共同目标，实现个人价值，形成的一种主要由团队的愿景、价值观、精神、理念等要素构成的意识形态体系。通过打造团队文化，引导团队建立共同的愿景、价值观，增强凝聚力、责任感和使命感，共同为实现创业目标而团结奋斗。

（三）形成默契的合作形式

合理安排分工合作是管理创业团队的法宝，是高效工作的利器。一个高效的创业团队，是一个优势互补的团队，每个人的专长不同、工作风格不同，合理的分工合作既能发挥个人的作用，落实责任，又能加强联系，扩大优势，提高创业团队的工作效率。

（四）建立有效的交流沟通

美国沃尔玛公司总裁萨姆·沃尔顿曾说过："如果你必须将沃尔玛管理体制浓缩成一种思想，那可能就是沟通。"可以说，沟通是管理的核心。沟通是为了理解彼此，从而达成共识。建立有效的交流沟通，就是让成员受到平等对待，有参与感。因此，领导者首先尊重每一位成员；其次要营造公平、公正、自由、开放的团队氛围，采用正式与非正式相结合的沟通渠道，注意与成员、成员之间的和谐；最后保证成员之间真诚相待，彼此信任，这样的沟通才能做到知无不言、言无不尽。

（五）实施及时的冲突管理

成员冲突是创业过程中必然会出现的，但破坏性的冲突势必造成团队与成员之间的不和，破坏良好关系，影响团队稳定发展，严重者导致团队分裂或解体。因此，实施及时的冲突管理尽量避免负面冲突的产生。第一，建立良好的议事规则；第二，处理冲突要及时；第三，不偏不倚，赏罚分明；第四，明确责权，避免重叠；第五，加强信息公开与共享；第六，强调团队整体观念，建立合理的评价体系。

（六）建立有效的激励机制

善于激励团队成员，能够提高成员的工作积极性和参与感，进而挖掘成员的潜力。有效的激励机制还能鼓励和引导建设性冲突，遏制破坏性冲突，提升团队战斗力。常用的激励机制有现金奖励、股权分红、职位晋升、外出培训、给予肯定等。

（七）制订统一的管理制度

制订责、权、利统一的管理制度，有利于保证成员有效开展各项工作，维护成员利益，达到个人与团队的高度统一。团队的职权划分应依据创业计划和成员优势特点，对成员进行分工，明确每个成员的责任和享有的权限，做到各司其职，避免职权重叠交叉，造成纰漏或冲突。建立健全的管理制度，规范和约束成员行为，做到有章可依，减少不利于团队发展的行为发生，保障团队工作有序、稳定。合理的股权分配结构是维护团队长期稳定发展的基础。

成功的创业，不仅要求创业者具备一定的素质和能力，更需要高效的创业团队。创业团队是否正常运转，关系到企业的发展。立志于创业的大学生们，应对照创业者应具备的素质和能力，努力提高自身素质和能力，认识到创业团队的重要性，并依照高效创业团队的特征寻找志同道合的创业伙伴，加强创业团队的管理，发展壮大企业。

【分析工具】

1. 创始团队如何设计股权

股权结构设计并没有标准答案，但至少应具备三个特点：存在一个核心大股东、股东之间资源互补、股东之间信任合作。

由于初创的时候并没有其他投资人的介入，公司的股权就是由联合创始人持有。但是我们必须清楚地知道：出多少钱就占多少股现在行不通了，因为它以钱为驱动，忽略了人的价值，经营团队就没有动力继续创造价值；平均分配股权也行不通，因为没有一位有决策权的核心大股东，当要做重大、紧急决策时，各创始人往往难以达成共识，无法高效决策，埋下隐患。比较好的方式是 CEO 能够有绝对控股权，可以占到 70% 甚至以上。

股权设计无标准答案，股权设计是战略问题、是动态、系统的。当创始人之间难分伯仲时，表 5-3 可以帮助你计算股权结构。

表 5-3 股权结构计算表

分类	计算方法
初始状态 平均分配： 每人 100 份基数	给每个创始人 100 份股权。假设公司现在有三个合伙人，那么一开始他们分别的股权为 100/100/100
召集人： 股权增加 5%	召集人可能是 CEO、也可能不是 CEO，但如果是他召集了大家一起来创业，他就应该多获得 5% 股权。假设 A 是召集人，那么现在的股权结构为 105/100/100
提供创业点子 及执行者： 股权增加 5%	如果创始人提供了最初的创业点子并执行成功，那么他的股权可以增加 5%（如果你之前是 105，那增加 5% 之后就是 110.25%）。如果创业点子只停留在想法，最后没有执行下来，或者没有形成有价值的技术专利，那么实际上你不应该得到这个股权
迈出第一步的人： 股权增加 5%~25%	迈出第一步最难。如果某个创始人提出的概念已经着手实施，比如已经开始申请专利、已经有一个演示原型、已经有一个产品的早期版本，或者其他对吸引投资或贷款有礼的事情，那么这个创始人额外可以得到的股权，从 5% 到 25% 不等
CEO，即总经理： 股权增加 5%	CEO 作为公司贡献最大的人理应拥有更大股权。一个好的 CEO 对公司市场价值的作用，要大于一个好的 CTO，所以担任 CEO 职务的人股权应该多一点点。虽然这样可能并不公平，因为 CTO 的工作并不见得比 CEO 轻松，但站在对公司市场价值的作用角度，CEO 确实更重要
全职创业者： 股权增加 200%	全职创业是最有价值的。如果有的创始人全职工作，而有的联合创始人兼职工作，那么全职创始人更有价值。因为全职创始人工作量更大，而且项目失败的情况下冒的风险也更大。此外，投资者很可能不喜欢有兼职的联合创始人，这可能导致融资上的障碍。所以，所有全职工作的创始人都应当增加 200% 的股权
有投资信誉的人： 股权增加 50%~500%	如果创始人是第一次创业，而他的合伙人里有人曾经参与风险投资成功了的项目，那么这个合伙人比创始人更有投资价值。在某些极端情况下，某些创始人会让投资人觉得非常值得投资，这些超级合伙人基本上消除了"创办阶段"的所有风险，所以最好让他们在这个阶段获得最多的股权
现金投入者： 参照投资人股权份额	这个表格第一栏的初始状态是假设每个创始人都投入了等量的资金，构成了最初的平均分配。但很有可能是某些人投入的资金相对而言多得多，这样的投资应该获得较多的股权，因为最早期的投资，风险也往往最大，所以应该获得更多的股权。现金投资可以参考投资人的股权份额计算：例如公司第一次融资时合理估值大概是 50 万元，那么投资 5 万元的人，可以额外获得 10% 股权
综上所述	假设甲、乙、丙三人的初始股权，分别加上了以上因素增加后的比例为 200：150：250，那么将它们的股份数相加的总数作为分母，在计算每个人的持股比例。 甲：200÷(200+150+250) = 33% 乙：150÷(200+150+250) = 25% 丙：250÷(200+150+250) = 42%

2. 第一次获得天使投资时如何设计股权？

初创企业的融资与发展可以分为几个阶段：最开始是创业者自行投入，随后是天使轮投资；经过基本验证，具有的可行性之后是 A 轮；发展到一定阶段，觉得势头不错，开始 B 轮；继续发展下去，看到上市希望，开始 C 轮融资；时机成熟可以上市，进入 IPO 上市阶段，投资人按退出机制退出。一家成功的公司在它上市前可能需要经历四到五轮融资。

天使投资是权益资本投资的一种形式，是指个人或机构出资协助具有专门技术或独特概念的创新项目或小型初创企业，进行一次性的前期投资。天使投资人是"是出钱不干活的股东"，我们应该如何设计股权呢？

一般来说，天使投资人实际出资额区间可能在 50 万~200 万不等。当然由于不同的天使投资人和机构可能会有差异。天使投资人所占的比例基本是在 10%~20% 左右，如果天使轮有人要超过 25% 的股份，那就可以跟他说再见了。因为初创公司还在萌芽起步阶段，它的价值不是看砸了多少钱进去，而是创业者的努力使得公司的价值不断放大，因此不管创业者投没投钱、投多投少，也值得让他们拿公司股权的大头。这样可以让他们看到自己的价值，会有足够的动力去拼命为创业公司的业绩增长而苦战。这就是投资热投进创业公司里一人笔钱，通常只占公司的一小部分股份的道理。

例如，一个创业者出 20 万元占 20% 公司股权，而投资人投入 80 万元，占了公司 80% 股权，那么这家公司的总价值是 100 万元，人的因素在这里面体现不出任何价值。但如果还是这个创业者，投资人出了 100 万元拿了 20% 的股份，而这个创业者本身只有很少的资金，他投入的是发明、创意、技术、时间和精力，在后面这个例子里，这位创业者的身价估值达到了 400 万元，和上面一个例子比较一下就不难看出哪一个情形中的创业者会更为公司卖命。当然，投资人出了 100 万元只拿了 20% 股份是有一定计算和估值方式的，更重要的是天使投资人对创业者的"信念"，创业是一种信念，天使投资也是。

期权池是在融资前为未来引进高级人才而预留的一部分股份，目的是未来用于激励员工，如果不预留，未来引进的高级人才如果要求股份，会导致稀释原来创业团队的股份造成问题。预留期权池在欧美等国家被认为是驱动初创企业发展必要的关键因素之一，硅谷的惯例是预留公司全部股份的 10%~20% 作为期权池。

【拓展训练】

为你的团队设计股权结构

假设你们团队成员有 5 人，你们的创业项目获得天使投资的青睐，融资了

200万元，请根据以上学到的股权结构设计方法，为你的团队设计股权结构，并填在表5-4中。

表5-4　团队设计股权结构表

姓名	股权比例	分配依据
CEO:		
联合创始人:		
联合创始人:		
联合创始人:		
天使投资人:		
期权池:		
合计	100%	

榜样的力量（五）——招兵买马的学问

创业中，集体的力量显然胜过单打独斗，如何将一群志同道合的人组织起来、为共同的目标而奋斗，成为考验创业者领导和管理能力的重要试金石。

永川大学生论坛是一个专为永川大学生提供兼职、交流与学习平台的网站，它免费宣传学生活动，通过商家赞助、发广告等形式经营。2014年，它在百度上的排名成功升到了第一名。它的创始人是重庆文理学院软件工程学院2011级的王雁飞。他的团队只用了短短九个月时间就建立起这个论坛，并使会员人数超过了15000人。在创立论坛的过程中，王雁飞不断寻找各种人才汇聚成自己的团队。

2013年，喜欢在论坛里和大家交流的王雁飞发现，大多数论坛都有更新速度慢、信息杂等缺点，学软件专业的他萌生了自己建一个论坛的想法。他找到同专业的同学组建了一个创业团队，还申请了科研立项，但因为准备不充分而失败了。他从第一次失败中总结出几点教训：团队组建太过草率，成员没筛选好；论坛发展没有明确方向；队员之间交流不充分导致意见不合。汲取教训后，2014年，王雁飞将自己的想法和永川实际结合起来，决定做一个以大学生兼职和交流为主题的网站，并申请了服务器、域名。

要做好这件事，还必须有一个优秀的团队，王雁飞准备从各学院找来优秀人才组建一支团队。他的第一个目标，就是自己的老乡——擅长营销和宣传的电子电气工程学院2011级的郭彦鑫。

郭彦鑫听到这个想法后，觉得电子商务的方式可行，同时感觉做兼职有市场，而且自己也喜欢在论坛、网站上看看，所以就答应了王雁飞的邀请。于是，王雁飞负责在校内宣传，郭彦鑫就在校外驾校等地方宣传。

宣传做得有条不紊时，却缺少了版面设计人才。这时，王雁飞通过佳域手机论坛认识的做设计的网友"双十"帮了大忙。"双十"觉得他的整体思路不错，有目标、有受众群体，而且王雁飞挺有上进心，所以"双十"同意帮忙。

宣传和设计解决了。为了提高论坛文章的深度和原创性，王雁飞决定找一个会写作的人才，文化与传媒学院无疑是一个很好的人才挖掘点。这时，有人推荐了张南。张南听到这个想法后很喜欢，加上她的创业、创新意识比较强，所以就同意了。

论坛基本内容解决后，下一个问题又来了，那就是编程。王雁飞找到软件工程学院编程最厉害的人——吴畔卫。但吴畔卫虽然觉得这个想法很有创意，却因为喜欢自由而并不愿意加入，但他被王雁飞认真做事的精神打动，答应自己能帮上忙的都会帮忙。

2014年4月，永川大学生论坛终于通过了国家工业和信息化部的审核，正式上线。为提高论坛的百度排名，王雁飞自学了SEO优化技术。但运用SEO需要多发原创文章，这让负责写作的张南有些吃力。张南又推荐了星湖写作社的社长、文化与传媒学院2011级的霍瑞新。

霍瑞新很感兴趣，又推荐了经济管理学院2011级的谭翼云。再后来，许旺旺的加入让王雁飞的创业团队最终成形。

如今，永川大学生论坛已能自行运转，但王雁飞每天还是会去更新一次，看看最新动态。

"上进、肯学、接受力较强，而且有自己的想法，并能付诸行动，这就是王雁飞给我的最大感受！"网友"双十"说道。

张南说："有时真的很累，比如我们每天反复都在讨论论坛的种种问题，根本没有午觉时间，课又比较多。但一想到和几个志同道合的朋友认真做了想做的事，真的很开心！"

"永川大学生论坛将会成为我最美好的回忆，它让我觉得，在大学还是做了些有意义的事！"郭彦鑫说。

【本章思考题】

1. 创业者的素质和能力要求是什么？

2. 简述创业团队的重要性。

3. 组建团队的基本原则是什么？

4. 实训：根据你的创业项目或以他人的创业项目为基础，制订一份创业团队组建方案。

第六章 创业计划

创业前，很多困难你都不会把它认为是困难，当它突然成为你的困难时，很多人会承受不了压力，就放弃了，这样的人一定是不能成功。

——史玉柱

第一节 创业计划概述

一、创业计划的概念

创业计划，也称创业计划书或商业计划书，是创业初期创业者就某一特定创业项目，对其所有相关的内部、外部条件要素进行的系统描述，形成的可行性商业报告，帮助创业者理清思路，成为创业活动的纲领。通常，创业计划主要用于说明 5W1H 的问题，见图 6-1。

二、创业计划的特征

（一）预见性

创业计划不仅仅是着眼于现状，而是要对未来趋势有预见性判断。大学生创业不是先做，而是先想，要在行动前对创业活动的目标、任务、路径以及创业活动所处的宏观微观环境变化做出预测。有了预见能力，有助于降低创业风险、抓住创业先机。

（二）目标性

创业计划的根基就是创业目标。明确创业目标，才能明确创业方向和路径，才有创业动力。创业计划应包含总体目标和阶段性目标，阶段性目标应保持前后连续性。

（三）可行性

创业不是异想天开，创业不是喊喊口号，创业计划是实事求是的产物，必须建立在可行性研究之上。创业计划失去可行性，就会失去指导行动的功能。可行性研究包括技术、市场、财务、效益等方面的调研分析。

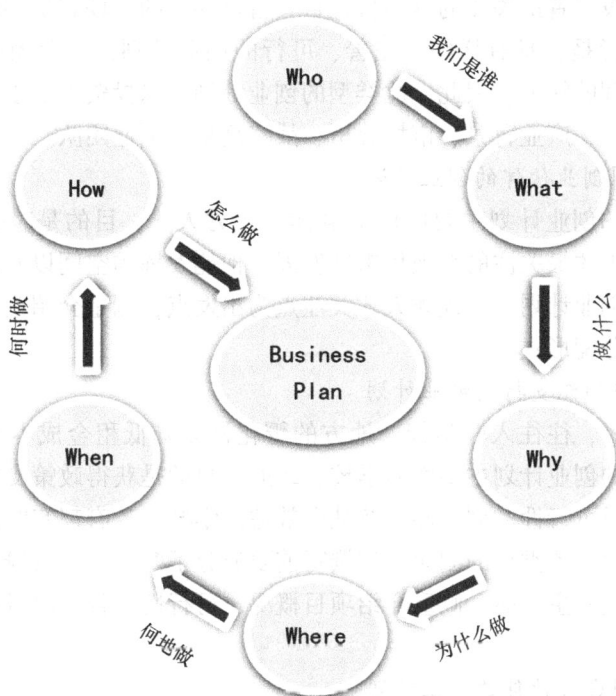

图 6-1　创业计划使用 5W1H 示意图

(四) 整体性

创业计划是整个创业活动的计划。因此，创业计划一定要周全缜密。每个环节、每个步骤是要有连续性，相互协调，保证计划的完整性。创业计划的整体性还强调总体目标与阶段性目标的关联，长远目标与短期目标的衔接，以及注重轻重缓急。整个创业计划是流畅的蓝图，而不是拼凑的一幅画。

(五) 灵活性

所谓计划赶不上变化，创业活动涉及复杂的环境变化，因此创业计划要有一定的灵活性，能够在变化中调整思路，做到随机应变。一成不变的计划，遇到偶发事件就会陷入困境。创业计划要根据内外部条件变化、自身认识的深化而调整。针对不同阶段，根据要求不同，制订不同的计划。

三、创业计划的类型

因撰写创业计划的目的不同，通常将创业计划划分为以下几种类型。

(一) 争取风险投资的创业计划

这一类型的创业计划主要面向的群体是风险投资者，目的是获得风险投资资金。对于风险投资者最关注的是项目是否具备足够大的市场容量和较强的持续盈利能力，创业者是否具有详细、完善、可行的创业计划，创业团队是否具备创新、运营、管理的能力。因此，此类型的创业计划要以投资者需求为出发点，侧重介绍项目简介、产业背景、市场分析、战略规划、创业团队。

（二）吸引创业伙伴的创业计划

这一类型的创业计划主要面向的群体是优秀人才，目的是吸引新的成员加入。对于优秀人才最关注的是项目未来发展、他能发挥的空间以及利益分配。因此，此类型的创业计划要以优秀人才关注点为出发点，侧重介绍商业模式、发展规划以及利益分配形式。

（三）争取组织支持的创业计划

对于初创者，往往入驻学校、地方的孵化器以降低租金成本和获取政策支持。这一类型的创业计划主要面向学校、政府，目的是获得政策支持。对于组织最看重的是项目可行性、创新性以及社会效益。学校、政府都有明确鼓励发展的行业领域。因此，此类型的创业计划撰写前要充分了解学校、政府相关政策，瞄准产业结构调整的主方向，侧重介绍项目概况、可行性报告、项目收益分析以及对社会的影响。

（四）吸引合作伙伴的创业计划

这一类型的创业计划主要面向的群体是客户群体、供应商等合作伙伴，目的是达成合作。对于合作伙伴最关心的是产品优势以及双方合作模式。因此，此类型创业计划要阐明产品的优势、市场前景以及双方共赢的合作方案。

四、创业计划的作用

随着创业活动形式多元发展，创业计划不仅仅是融资工具，还成为创业者认识自我、管理企业以及对外宣传的工具，概括而言，创业计划具有以下几个重要作用。

（一）帮助创业者理清思路

创业计划的首要作用是帮助创业者认识自我、理清思路，明确创业目标、创业任务、创业路径，完善可行性报告。创业计划包括项目介绍、市场分析、商业模式、营销策略、财务规划、风险评估、创业团队、发展战略等，通过梳理、分析能够有效的指导创业活动，有助于创业者宏观、客观、理性地分析存在的问题，以此调整创业计划，使创业计划具有可行性，提高创业成功率。

（二）帮助创业者有效管理

创业计划即是企业蓝图，详细、完整、可行、有前景的创业计划能够增强创业团队的信息，凝聚团队的人心，也能够统一目标、明确各自的角色和任务，更能提升企业的有效管理。创业计划不是展现了企业未来发展的方向和目标，也提供了良好的效益评价体系和管理监控指标，使得创业活动有章可循。

（三）帮助创业者获得融资

创业计划的根本目的是获得风险投资。最全面、有效的与投资者的沟通就是一份全方位的创业计划。通过创业计划，风险投资者能够清楚的了解产品、技术、市场、财务等各个方面信息，然后进一步与创业者交谈。在这个过程中，创业计划就是连接投资者和创业者的重要桥梁。

【案例阅读】

当前中国互联网的主流盈利模式有哪些？

一、卖广告

卖广告是早期中国互联网最原始的盈利模式，一直延续到了现在。在门户时代，四大门户网站就开始卖各种广告位，焦点图、通栏、弹窗等，经过 20 年的进化，广告形式越来越多样化，大数据让目标用户的定向也越来越精准，广告业务也从 SSP 走向了 DSP。

广告类型：网盟广告（例如：百度网盟、阿里妈妈、其他中小网盟）、移动广告（例如：多盟、有米、艾德思奇、点入）、搜索竞价广告（例如：百度SEM）、信息流广告（例如：腾讯社交广告、今日头条、新浪粉丝通、新浪扶翼、网易有道）。

二、电商卖货（包括实物产品和虚拟商品）

世界上最早的电子商务公司是如今的世界首富 Jeff Bezos 在 1995 年创办的亚马逊。中国最早的电子商务公司则是马云在 1999 年创办的阿里巴巴。

电商类型：B2B、B2C、C2C、F2C、O2O。

产品代表：慧聪网（B2B）、网易严选（B2C）、淘宝（C2C）、直卖网（F2C）、O2O（美团网）。

三、平台佣金抽成

平台促成交易后，向商家收取佣金，平台不直接生产创造价值，而是去整合资源。这种方式就像房地产中介里的链家，一端对接房东，另一端对接买房者，当交易达成时抽取 2% 的费用作为佣金。5 月 11 日，刚在美国纽交所敲钟上市的虎牙直播为代表的直播平台最主要的盈利模式便是抽取平台上主播的粉丝打赏或者礼物。

抽成对象：商家、司机、威客、主播。

产品代表：天猫（商家）、美团（商家）、滴滴（司机）、八戒网（威客）、虎牙直播（主播）。

四、增值服务

基础功能免费，高级功能收费。先用免费的产品和服务去吸引用户，去抢占市场份额和用户规模，然后再通过增值服务或其他产品收费。今年4月底，雷军在小米的发布会上说小米硬件的净利润率不超过5%，他可能没有撒谎，因为在小米的生态链条里，硬件免费+内容/服务收费，这是一个完整的生态闭环模型。

服务类型：更高级的功能/内容/服务、会员特权、虚拟道具。

产品代表：360杀毒（企业服务）、QQ会员（会员特权）、王者荣耀（虚拟道具）、WPS办公软件（会员特权）、百度网盘（会员特权）。

五、收费服务

收费服务早已有之，例如家政服务、家教、导游、律师咨询等，但在互联网时代服务的类型变得更加多元化。想起来前段时间刷屏的陶渊明后人，一个90后在喜马拉雅做主播靠讲故事月入百万，实现财富自由，这在10年前根本是不可能发生的事，但现在发达的SNS网络以及方便的在线支付技术，让这样的事情每天都在发生。

服务类型：产品、信息、功能、技术、API接口、知识、内容、经验、咨询。

产品代表：阿里云服务器（功能）、友盟（技术/数据）、高德地图（接口）、网易云课堂（知识）、樊登读书会（内容）、分答（经验）、在行（咨询）。

六、金融运作

肉从冰箱里拿出来，再放回去。问：手里剩下啥？当然是油水啊！这就是腾讯和阿里为什么一直拼了命要抢夺用户的支付入口。在今年3月份沃尔玛站队腾讯，开始停用支付宝仅支持微信支付。互联网金融包括：第三方支付、P2P网贷、大数据金融、众筹、信息化金融机构、互联网金融门户。

运作方式：金融借贷、账期、沉淀资金、资金池。

产品代表：花呗（借贷）、简书等平台打赏提现规则（满100元才能提现）、摩拜（沉淀资金）、拍拍贷（资金池）。

【拓展训练】

思考互联网产品免费与付费的原因

关于免费，很多人认为这是一个互联网时代再普通不过的概念，然而今天熟悉的很多互联网或软件产品并非一开始就是免费的，而是从付费到免费。另一方面，当人们对免费习以为常的时候，补贴悄然来临，从滴滴到趣头条，不仅不收钱还倒贴，这背后的逻辑又是什么呢？

请思考一下问题，把你的想法填在表6-1中。

表 6-1 互联网产品免费与付费的调查

互联网免费与付费的现象	你的思考
为什么同为操作系统，1991 年发布的 Windows 是收费的，而 2008 年发布的安卓却是免费的	
为什么电视是免费的而电影却是收费的	
如果免费的效率比收费高，在一个连 Windows 这种巨无霸软件都已经免费的时代里，单机游戏、Photoshop、电子书等为什么进入互联网时代那么久了却依然收费	
如果免费是互联网的特性，那么最近成为潮流的知识付费是怎么回事	
为什么同样做知识付费，"罗辑思维"在开始是免费的而"樊登读书会"却从一开始就收费	
"从付费到免费"和"从免费到补贴"两次变迁的逻辑是一样的吗	

对上述商业模式进行梳理不难发现，成功的商业模式非常一样，而又非常不一样。非常一样指的是创新性地将内部资源、外部环境、盈利模式与经营机制等有机结合，不断提升自身的盈利性、协调性、价值、风险控制能力、持续发展能力与行业地位等。非常不一样指的是在一定条件、一定环境下的成功，更多的具有个性，不能简单地拷贝或复制，而且必须通过不断修正才能保持企业持久的生命力。想要创新商业模式只研究商业模式是远远不够的，不懂经济法则，不懂社会潮流，不懂人文需求，是无法创新商业模式的。

第二节 创业计划书的撰写

一、创业计划书的撰写原则

创业计划书的撰写要详略得当，既要勾勒出全貌，又要突出重点；既要讲清先进性，又要表明可行性；既要展示项目前景，又要看到实施路径。因此，要达到以上要求，在撰写创业计划书时需注意以下原则。

（一）坚持市场导向

市场在资源配置中起决定性作用，这是市场经济的本质要求。因此，创业计划书应基于对市场的充分调研分析，立足于市场导向，把握市场的现状及未来趋势。只有得到市场认可的产品才能转化成商品，这样的创业项目才有可行性。

（二）遵循实际出发

所谓从实际出发，就是撰写创业计划书时要多用、善用数据和资料。可行性分析要客观、科学、实际，切忌主观臆断。分析市场前景的同时合理评估成本和风险，切忌盲目自信。

（三）表述清晰明了

如所有的文字材料撰写一样，创业计划书的表述一定要观点明确、结构清晰、通俗易懂。特别是技术性强的项目，更要注意表述的方式，避免写成学术论文，使得创业计划书不具备可读性、可接受性。

（四）凸显竞争优势

撰写创业计划书的重要目的之一是获得投资人青睐，为企业获得融资。因此，创业计划书应从技术创新、团队构成、商业模式、市场机会等方面凸显竞争优势，尤其这些优势带来的收益。

（五）保持前后一致

创业是一个多维度的系统工程，创业计划书必然包含很多板块的内容，因此，在撰写创业计划书时应注意保持前后观点一致、数据一致、方法一致，做到前后呼应，各个环节有序衔接，体现项目的成熟度。

二、创业计划书的撰写准备

古人云："三军未动，粮草先行。"这说明前期准备工作尤为重要。同理，再开始撰写创业计划书前，要做好充分的准备。

（一）增强综合素质

创业计划书的撰写是对大学生素质和能力的综合考量，所以，大学生在撰写创业计划书前的第一步是增强综合素质。

1. 学习创业课程

除了必修的《大学生创新创业基础》课程，大多数高校都开设了企业管理、财务管理、市场营销、人力资源管理、商业计划书撰写等一系列创业能力课程，对有意愿创业的大学生提供提升创业理论的渠道。

2. 参加创业实践

学以致用是增强综合素质的有效途径。大学生可以参加各类创新创业培训，开展创业实践活动，参加创新创业大赛。通过多种形式的实践活动，切实增强创业能力和水平。

（二）分析项目可行性

好的创意是创业成功的开始，可行的项目是避免失败的第一道防线。一般而言，判断项目是否可行要做从以下四个方面进行考量。

1. 是否是一个合格的创业者

你是否适合创业，这是第一个要思考的问题。要深入思考一下几个问题：我是谁？我的优势是什么？我喜欢干什么？我擅长干什么？环境允许我干什么？我的目标是什么？我的动机是什么？

2. 是否具备充足的创业资源

创业资源包括人才、技术、场地、资金、渠道。创业不是侃侃而谈，不是白手起家，你得有一定的创业资源在手，才能打开创业大门。对于大学生来说，一般相对匮乏的是资金，必须先认识到项目存在的困境，想办法通过借款或融资等形式进行补充，方可开启创业项目，避免快速的失败。

3. 是否了解市场环境

任何机会都存在于一定的环境之中，因此，在撰写创业计划书前应充分了解政治、经济、社会、文化、生态环境，充分认识影响企业发展的各种因素。

4. 是否预测创业失败带来的影响

创业基于机会，但并不一定终于成功。创业过程中，会出现政策变化、资金短缺、人才流失、技术壁垒、竞争对手等不利的问题，造成创业失败。因此，在开始创业前，要对失败的风险性进行充分评估，对自身心理和物资做好充足准备。只有先周全考虑失败的影响，才能在出现问题时从容面对和及时解决，减少失败带来的损失。

（三）调研市场切实性

创业不是闭门造车，不是王婆卖瓜，要先创业项目切实可行，必须对市场进行充分调研，通过直接调研或间接调研的方式，广泛收集有关市场的痛点、需求、容量、客户、消费者、竞品等信息。对收集到的信息进行汇总、整理、分析，得出市场调研报告，为战略布局提供有力依据。

三、创业计划书的基本结构

创业计划书是详细分析企业在创业过程中各种要素、资源匹配的一份书面文件，篇幅在25~30页，内容详细完整。通常由封面、目录、正文和附录四个部分组成。

（一）封面

封面是首先映入阅读者眼中的画面，封面可以说就是创业计划书的门面。一般包括企业名称、项目名称、创始人姓名、联系方式、邮箱、办公地址、日期等，如果有企业网址还应注明在封面上。反面或扉页应附有创业计划书的保密须知等内容。封面设计要注意以下几个方面：

（1）企业名称、项目名称一定要以醒目的字体标示，项目名称还应注意既要简明扼要表明项目内容还要有一定的吸引力，切忌科研式、课题式的命名。

（2）无论是技术还是模式创新，都需要有保密须知，代表着创业者有知识产权保护和法律意识。

（3）封面设计要有艺术感和美感，与创业项目相呼应的封面可以起到点睛之笔的作用。

（二）目录

目录对于创业者来说是纲领作用，对于阅读者来说是索引作用。其实目录是创业计划书最后完成的部分，利用 word 目录功能，按照章节顺序逐一排列并对应页码，通常目录中显示到三级标题较为合适。

（三）正文

这是创业计划书的核心内容，正文包括概要、主体和结论三个部分。

1. 概要

概要是创业计划书浓缩的精华，是对整个创业计划书的归纳总结，是阅读者一开始阅读的部分。为达到快速吸引阅读者眼球的目的，概要书写必须简明扼要，突出重点，引人入胜，让阅读者看完摘要后清楚地知道项目是什么并且有兴趣了解更多的内容。通常是主体完成后才撰写，篇幅在 1~2 页，一般包括企业基本情况、主要产品或服务和业务范围、市场概况、营销策略、商业模式、财务计划、团队情况等方面的综合概述。在撰写概要时，要注意回答下列问题：（1）市场痛点。（2）主要产品或服务。（3）细分市场。（4）精准客户。（5）精品情况。

2. 主体

主体是正文的核心部分，需要详细阐述各项内容。大致包括企业介绍、产品或服务、市场分析、营销策略、商业模式、组织结构、财务分析、风险预测、退出机制。

主体部分的书写是复杂的，并且存在紧密的逻辑关系，这要求创业者在撰写时一定要对创业项目有清晰、统一的认知，并在前期完成了市场调研和分析，保证数据的一致性。

3. 结论

结论是与概要首尾呼应，体现创业计划书的完整性，一般包含创业者的心路历程、愿景和致谢。

（四）附录

附录是对创业计划书起支撑、补充作用。不适宜放在正文的材料可以放在附录中。主要包括市场调研数据、调查问卷、产品的技术参数、知识产权证明、商业合同、业务案例、获奖证书等。

四、创业计划书的撰写内容

企业介绍、产品或服务、市场分析、营销策略、商业模式、组织结构、财务分析、风险预测、退出机制。

（一）企业介绍

通过企业介绍，可以让阅读者对企业有一个初步的了解。重点介绍企业的发展历史、现状和目标。

1. 企业基本信息

包括企业名称、法人信息、组织结构、启动资金。

2. 行业性质

简要介绍企业所从事的行业。

3. 发展历史

对企业背景、创业动力、企业经历的各个阶段、所获得的荣誉作简明扼要的介绍。选择里程碑意义的大事件进行书写。

4. 企业现状

对企业目前发展情况、员工人数、业务合作进行介绍。

5. 未来展望

按时间顺序描述企业的未来业务发展计划，一定要明确和量化目标。

（二）产品或服务

产品或服务介绍是创业计划书的基石部分。产品或服务部分的撰写务必详尽、准确、通俗易懂，特别是高新技术的产品或服务，切忌采用学术论文的表达方式。产品或服务介绍主要包括以下内容：（1）产品或服务的概念、性能及特性。（2）产品或服务的实用价值。（3）产品或服务解决什么问题。（4）产品或服务的竞争优势。（5）产品或服务获得的知识产权。

（三）市场分析

市场分析的核心内容是在市场细分的基础上确定目标市场，把握市场机会。让阅读者充分了解市场规模、细分市场、行业竞争、发展趋势的问题。市场分析主要包括以下四个方面。

1. 市场规模

通过市场调研，采用具体的数字和百分比详细说明产品的市场规模。市场规模包括市场处于什么发展阶段、未来发展速度如何、行业现有企业数量、龙头企业的市场份额占比、市场结构以及行业壁垒。

2. 细分市场

按照年龄、性别、地域、购买行为、购买动机、购买心理、价格、质量等标准将市场进行细分，从而确定目标市场和目标客户。对于如何选择的细分市场及其科学性进行详细阐述。

3. 行业竞争

采用波特五力模型或 swot 方法对竞争市场进行全面的分析。对现有竞争对手、供应商、潜在竞争者、替代品的优劣进行分析，与自身项目的优劣进行对比。

4. 发展趋势

在对发展趋势进行预测时，应充分了解新产品或服务所在行业的前景如何；市场需求如何；影响市场需求的因素有哪些；潜在目标客户和目标市场是什么；以及政治、经济、社会、文化、生态环境的变化。

(四) 营销策略

产品如何转化成商品取决于营销策略。营销是新企业运营中最具难度的环节，市场营销的好坏决定了企业的成败。营销策略由一系列与经营销售有关的策略构成，是如何使产品或服务令消费者买单的手段。

在创业计划书撰写中，该部分应该包括：营销策略方法、营销策略目标、销售方式、营销队伍搭建、营销计划。其中，营销策略方法包括组合策略、包装策略、服务策略、价格策略、促销策略以及渠道策略。

组合策略是指企业基于目标市场，综合考虑自身能力、外部环境、市场竞争等可控因素，采取最优组合，以实现销售的目的。

包装策略是指产品本身和外包装，有着高辨识度、便利、美观等特性，显示产品特色与风格，与产品价值和质量水平相匹配。

服务策略是指特殊的无形活动，向消费者提供所需的满足感的方式。如七天无理由退还、会员积分制、上门免费安装等。

价格策略是指企业通过对消费者需求的估量和成本分析，选择一种既吸引消费者，又实现市场营销的策略。如"双十一"天猫满减活动。

促销策略包括广告、人员推销、营业推广。

渠道策略是指采用代理商的形式进行营销。代理商的成本价格一般低于零售价格，这种利益空间激发了代理商的销售积极性。

(五) 商业模式

管理学大师彼得·德鲁克说过："21世纪企业间的竞争，已经不再是产品和服务间的竞争，而是商业模式之间的竞争。"商业模式是以价值创造为核心，描述了企业如何创造价值、传递价值和获取价值的过程。换句话说，商业模式就是公司通过了什么途径或方式来赚钱。它描述了公司所能为客户提供的价值，以及公司的内部结构、合伙伙伴网络和关系资本等，用以实现这一价值并产生可持续盈利收入的各种要素。

瑞士学者亚历山大·奥斯特瓦德与比利时学者伊夫·皮尼厄合著的《商业模式新生代》一书，将商业模式设计成简单易懂的可视化版本，以绘图的形式将其比喻为一个商业画布。主要用来帮助创业者建立清晰的商业模式以及测试其可行性。画布由九个方格拼成，每个方格代表影响商业模式中某一种核心方面，九个图块并不是独立存在，而是相互支撑，共同描绘出企业创业过程需要厘清的人事物，商业模式画布如图6-2所示。通过九个基本模块串联起来描述和定义企业的商业模式。

重要合作 （谁可以帮我）	关键业务 （我要做什么）	价值服务 （我怎样帮助他人）	客户关系 （怎样和对方打交道）	客户群体 （我能帮助谁）
	核心资源 （我是谁，我拥有什么）		渠道通路 （怎样宣传自己和支付服务）	
成本结构 （我要付出什么）		收入来源 （我能得到什么）		

图6-2　商业模式画布

（六）组织结构

组织结构的重点是介绍创业合伙人情况和公司构架。对于投资者来说，决定他是否投资的三个因素是团队、市场、产品或服务。其中，团队占比70%。对此，美国风险投资之父杜诺特将军说过："可以考虑对有二流想法的一流企业家投资，但不能考虑对有一流想法的二流企业家投资。"但这却是很多企业容易忽略的地方。

（七）财务分析

财务分析是指以会计核算、报表资料及其他相关资料为依据，采用一系列专门的分析技术和方法，对企业过去、现在、未来的经济行为进行分析与评价。财务分析包含初期投入和走向分析、年度销售额与利润分析、损益表和资产负债表以及融资计划。财务分析方法与工具众多，通常围绕财务指标进行单指标、多指标综合分析，借助预算、目标等参照值，运用比率、趋势、结构、因素等分析方法进行分析，通过图表等形式展示出来。

（八）风险预测

创业是个复杂的经济行为，运营过程中要面临诸多风险。充分、全面分析创业过程可能面临的风险和应对办法，将有效降低风险对企业和创业者的损失。创业风险主要包括市场风险、财务风险、法律与公共关系风险、技术风险和管理风险。在创业计划书中，创业者要深入分析每一种可能发生的风险并提出相应的防范措施。

（九）退出机制

投资的目的是得到现金回报，特别是种子轮和天使轮的投资。因此，投资人格外关心如何退出的问题。在创业计划书中必须介绍怎么使风险投资人最终以现金的方式收回资金。

退出机制通常为公开上市、兼并收购、偿付协议三种方式。创业计划书应对三种方式进行描述，并指出哪一种方式是最可能的退出方式以及退出的时间节点。

五、创业计划中的市场调查

兵法有云："兵马未动粮草先行"。创业也是如此，在制订详细的创业计划之前市场调查与分析是非常重要且关键的一步。市场调查与分析是创业计划书的基础，其目的就是弄清搞懂自己识别到的创业机会或开发的创业项目，有没有市场，能不能落地，市场环境如何，竞争情况如何，从而确定细分市场和市场定位。

（一）市场调查方法

1. 问卷调查法

问卷调查是市场调查的典型方法之一。采用该方法应遵循一定原则，通过设计高质量的调查问卷收集需求，科学分析，更好地实现调查目的。问卷调查法可分为传真问卷、信函问卷、网络问卷、报刊问卷和实地问卷五种常见方式。

（1）调查问卷的构成。

1）被调查者的基本情况，如性别、年龄、文化程度、工作单位、职业、所在地区等。列入这些信息是为了对调查资料进行分类和分析。建议调查问卷不设计姓名、身份证号等隐私信息。

2）调查内容本身，是调查问卷最基本的组成部分。根据所需调查内容设计问题，一定要与项目紧密相关。问题设计简单明了，不要对调查对象产生误导。题目数量适度，过多问题会减弱被调查者参与的积极性和配合度。问题之间要有严谨的逻辑关系。

3）调查问卷的说明，由于不是所有调查问卷都是面对面发放，因此，在问卷的开头务必以亲切的口吻请求被调查者给予合作并表示感谢，然后说明本次调查问卷的用途、要求、回收时间和注意事项等。

4）调查问卷的编号，为了便于将调查问卷分类归档，对问卷还需进行编号。

（2）设计调查问卷的步骤。

1）根据调查的目的、要求和主题，拟定一个调查提纲。

2）按照提纲要求、调查对象的特点，编写好每个项目、每个问题，要求问题内容高度符合调查主题。

3）按调查问卷各个部分的要求，把上述拟定好的主题、命题、指标说明等依次列入表内，设计成一张调查问卷。

4）在小范围内将设计好的问卷进行试验，若有不当的地方，及时修改完善。

2. 询问调查法

询问调查法是指调查人员通过口头或书面的方式向被调查者提出询问，以此获得需要的资料。这种调查方法具有很强的现场感，调查人员可以有效控制时间，根据被调查者的反馈及时调整问题，拓展调查的深度与广度，使所获得的信息更加全面而详细，能极大提高所获得资料和信息的准确性和真实性。缺点是调查成本高、周期长、拒访率高，并受到调查人员询问水平的限制。

3. 观察法

观察法是指调查人员或机器在被调查者不知道的情况下观察并记录其行为的一种调查方法。分为直接观察法和间接观察法两种。直接观察法是指调查人员在调查现场有目的、有计划、系统地对调查对象的行为、言辞、表情进行观察记录，以获取第一手资料。间接观察法又称测量法，是通过对实物的观察、统计来进行调查，例如对住户的垃圾进行观察，来对家庭食品消费这样的主题进行调查。观察法的优点在于直观、真实且及时。

4. 实验法

实验法是指通过小规模的实验来了解企业产品在市场的适应情况，根据市场反馈获得资料。在所有的调查方法中实验法最科学，通过小规模实验，对市场需求、市场环境或营销过程中的某些变量之间的关系及其变化进行客观分析，能够比较准确地看出趋势，只有实验可行的项目才能进一步推广。

（二）市场调查的步骤

一般来说，市场调查分为四个阶段：准备阶段、调查阶段、分析阶段、报告阶段。

1. 准备阶段

准备阶段应明确调查的主题，以及通过调查想了解的主要问题。对前期收集的资料进行初步分析，找出潜在问题，制定市场调查的方案，主要包括：市场调查的对象、内容、方法、步骤和分工等。如果采用问卷调查法，需要设计好问卷。如果采用询问调查法，在准备阶段还需要训练调查人员的询问技巧。

2. 调查阶段

根据选择的调查方法建立调查团队或外请专业调查公司实施调查。

3. 分析阶段

对收集的资料进行编辑整理，去粗取精，选取有效的调查资料；对资料进行分类、制图、列表；运用统计模型和数学模型对数据进行分析处理，以发掘信息之间的内在联系。

4. 报告阶段

经过对调查材料的分析，调查人员应及时撰写调查报告。调查报告应包括以下内容：引言部分，目的、对象、范围、方法、时间、地点等；摘要部分，简要概括整个调查的结论和建议；正文部分，详细说明市场调查目标、过程、数据分析和结论；附件部分，包括问卷、数据图表、访问记录、参考文献等。

【分析工具】

商业模式画布的详解。

（1）客户群体。这一模块描述了一家企业生产的产品或提供的服务的对象。客户群体可以用客户画像来表述，例如性别、年龄、地域、行业、消费习惯等。创业者需要思考哪一类的客户愿意为产品或服务买单。

（2）价值服务。这一模块描述的是为某一客户群体提供能为其创造价值的产品和服务，它解决了客户的问题或满足了客户的需求。价值服务就是要从新颖、性能、定制化、品牌、价格、成本、风险、可达性、便利性等方面为客户解决问题，提供价值。

（3）渠道通路。这一模块描述的是一家企业如何与它的客户群体达成沟通并建立联系，向对方传递自身的价值服务。我们可以将渠道划分为直接与间接的渠道，或者划分为自有渠道与合作方的渠道。

（4）客户关系。这一模块描述的是一家企业针对一个客户群体所建立的客户关系。我们可以将客户关系分为几种类型，这些类型可能同时存在于企业与某个客户群体的客户关系中：个人助理、专用个人助理、自助服务、自助化服务、社会、共同创作。

（5）收入来源。也就是盈利模式，这一模块代表了企业从每一个客户群体获得的现金收益，要思考如何让客户更愿意支付费用。

（6）核心资源。这一模块描述的是保证一个商业模式顺利运行所需的最重要的资源，不同类型的商业模式需要不同的核心资源，核心资源可包括实物资源、金融资源、知识性资源以及人力资源。

（7）关键业务。这一模块描述的是保障其商业模式正常运行所需做的最重要的事情。关键业务可以分为生产、解决方案、平台与网络等几大类。

（8）重要合作。这一模块描述的是保证一个商业模式顺利运行所需的供应商和合作伙伴网络。重要的合作分为四种不同的类型：非竞争者之间的战略联盟；竞争者之间的战略合作；为新业务建立合资公司；为保证可靠的供应而建立的供应商和采购商关系。

（9）成本结构。这一模块描述的是运营一个商业模式，所发生的最重要的成本总和。成本投入不止财、物，还包括技术、人力、维护客户关系等。

【拓展训练】

选择自身创业项目或市场上现有的创业项目，画出他们的商业模式画布。

第三节　创业计划的展示

创业计划的展示是整个创业计划过程的核心，通常为两种方式，一是书面展示，二是陈述展示。书面展示指的就是上一节内容所讲的创业计划书，陈述展示指的就是经常说的项目路演，这是创业计划最普通又最重要的方式。

一、创业路演

（一）创业路演的含义

路演（Roadshow）最初是国际上广泛采用的证券发行推广方式，指证券发行商通过投资银行家或者支付承诺商的帮助，在初级市场上发行证券前针对机构投资者进行的推介活动。后被延伸到创业活动上，指在公共场所进行演说、演示产品、推介理念，及向他人推广自己的公司、团体、产品、想法的一种方式。通过路演达到宣传的作用，让投资人、专家评审或顾客在短时间内了解创业者的创业项目。

（二）创业路演注意事项

1. 展示形式多样化

PPT 演示作为路演的主要展示媒介，但 PPT 演示时间约为 5 分钟，创业者只能择其重点讲解，为了让投资人、专家评审或顾客在更短的时间有较全面的了解，建议在 PPT 演示前播放一段生动、绚丽的宣传片，这能极大程度地调动所有人的注意力，也能让听众对项目有个初步的认识，对接下来的 PPT 演示起到抛砖引玉的作用。

2. PPT 制作图表化

一是制作 PPT 切忌大段文字的堆砌，用简洁明了的语言凝练成关键词。演讲人通过关键词进行拓展、阐述。二是尽可能多的采用图表来讲解市场容量、竞品分析，更直接、清晰。

3. 路演展示技巧化

路演如同表演，任何"表演"都是反复设计的。首先是主讲人的情绪的设计。主讲人的情绪直接影响路演效果。苹果公司新品发布会都是创始人史蒂夫·乔布斯作为主讲人。可以说，苹果营销的成功离不开乔布斯的路演。他的路演激情澎湃，让听众也保持着高度的热情。创业需要激情。因此，路演也需要激情。只有激情的路演传递出创业者对项目的自信才能调动和激发听众对项目的认可。其实是善用非语言的表达。例如语速、眼神、手势、站位等转变都能吸引听众兴趣和关注力，达到互动沟通共鸣般的效果。

4. 展示内容重点化

路演时长通常是 5 分钟，而创业计划书有 3 万字左右，如何在短时间能讲述如此多内容，路演展示的内容的选择与安排至关重要。路演展示主要讲清楚基于什么市场痛点，拥有什么技术，形成了什么产品，解决了哪些问题，通过什么商业模式，获得多少盈利。因此，开场白一两句话讲明白六个什么，就是开了个好头。在正式的路演中，重点讲解市场前景、产品、商业模式、团队四个方面的内容，创业计划书中的其他内容一两句话带过。

5. 产品展示具象化

一个实物的展示胜过千言万语。因此，在讲述产品这一环节的时候，配合产品的展示，将会事半功倍。此举动也能较好的展示创业者的创业项目不只是创意，而是可行的商业行为。

二、创业计划 PPT 制作

车库风险投资公司董事会主席盖伊·川崎提出了 10 张 PPT 路演法，即在规定时间内，能用 10 张 PPT 将创业项目阐释清楚，就是一次成功的路演。10 张 PPT 的组成内容如下：

（一）封面页

内容：公司、项目名称；创始人姓名及联系电话；日期。

目的：项目名称要有副标题，即一句话把项目描述清楚，能够快速吸引观众。

（二）项目概述页

内容：产品或服务的简要介绍、知识产权、技术壁垒。

目的：用最简洁、生动、形象的话介绍清楚产品或服务的内容，让观众第一时间清楚项目是什么。

（三）用户痛点页

内容：行业背景；用户痛点；顾客需求。

目的：以问题导向，让观众带入，产生共鸣。

（四）解决问题页

内容：现状解决方案及其缺点；自己的解决方案及其优点。

目的：针对市场痛点以及现状的缺点，提出极具优势的解决方案。

（五）市场前景页

内容：市场规模；目标市场；预期份额。

目的：充分展示市场前景好。

（六）竞争能力页

内容：采用图表展示直接、间接、潜在竞争对手以及优劣势分析。

目的：展示你的项目能够获得市场和用户认可的信心。

（七）商业模式页

内容：根据商业画布阐述该项目的商业模式、营销策略。

目的：通过商业画布的阐述，明确业务逻辑，说明盈利方式。

（八）团队展示页

内容：团队成员的基本信息，包括照片、姓名、学历背景、专长优势。

目的：表明该团队组成合理，具备开展运营该项目的能力。

（九）财务规划页

内容：未来 3~5 年内的资金需求和盈利规划；股权分配方式；融资计划。

目的：让投资人了解该项目的资金情况以及如何投资。

（十）结束页

内容：项目愿景；项目亮点。

目的：创业除了经济价值还需要社会价值，最后一页的目的是突出项目亮点以及创业者的情怀。

三、创业计划的展示小技巧

（一）仪容仪表仪态

穿着符合项目特征、简单大方的正装或职业装，搭配皮鞋或高跟鞋。头发干净、整齐、利落，切忌披头散发。女生建议化淡妆，勿佩戴过多首饰。

（二）站位规则

舞台黄金分割点，不会遮挡 PPT 也不会完全看不到 PPT。

（三）设备调试

准备兼容的多个版本，自备激光笔。提前调试话筒、激光笔和 PPT。

（四）声情并茂

平常训练时要面带微笑，保持站立，并找到最佳的声音状态，在重点部分改变一下语速、语调，提示关注。

（五）生活化路演

创业项目路演切忌采用学术、技术性表述，尽量使用通俗易懂的语言，巧用生活化场景或故事来讲述项目概述部分，更能引起共鸣，更易留下深刻印象。

（六）时间把控

较好的时间把控能够提升评委对项目的影响。因此，充分排练和草拟演讲稿非常必要，要让说的每一个字都精准和精彩。

（七）问答准备

提前梳理评委或投资人可能会问的问题，做到心中有数。遇到刁难或回答不了的问题，一定要沉着冷静，切忌夸大其词，或顾左右而言他。

【分析工具】

创业路演的准备：

英国前首相温斯顿·丘吉尔普遍为人们认为是世界上最伟大的演说家之一。他会用六周的时间准备在英国国会下议院的一次演讲。那么，一场创业路演需要创业者做什么准备呢？

（1）一个好的 PPT。PPT 以简洁明了的图片、数据、图表为主，辅助配以凝练剪短的总结性话语，商业模式、团队成员、市场分析、融资需求等重点部分要突出，其他部分略讲。PPT 页数控制在 15~20 张。提前一定要去路演现场播放 PPT 调试。

（2）一位最合适的路演人。选谁上台路演是个问题。最好的选择是团队的创始人兼 CEO，其对项目的把控力强，熟悉整个项目的发展布局，在问答环节也容易游刃有余。当然，现实路演中，也有 COO、CTO、CMO 代表团队进行路演，他们的弱点共性就是对创业项目的了解比较片面，对项目未来的规划发展不够清晰。

（3）一次全真彩排。路演的演说明路演具有一定的表演性质，不是临场发挥、即兴表演。一场好的路演一定需要事前反复修改、打磨、排练，并且需要一次全真彩排。全真彩排最直面路演过程存在的问题，可以得以及时修正。全真彩排也能让创业者提前熟悉路演环境和当下的心情，可以有效减缓正式路演时的紧张和压力，使得正式路演更加顺畅。

【拓展训练】

每个团队选择自身项目或现有项目，制作路演 PPT，并进行路演 PK 赛。

榜样的力量（六）——成功离不开精心的准备

一旦有了灵感后，还必须经过细致的调查和周密的策划，才能形成创业的雏形。拟定一份创业计划书需要哪些准备？经受哪些考验呢？来看看在 2018 年"创青春"全国大学生创业大赛中获重庆市金奖的"暖手宝"获奖团队是怎么做的。

暖手宝自 2015 年以来，被消费者列入预警产品记录，其易燃易爆、易触电等安全问题受到消费者关注。重庆文理学院数学与财经学院等学生组成的 8 人团队利用石墨烯在发热时的红外线辐射原理制作的暖手宝解决了这一行业难题。他们设计的暖手宝不仅安全性高、使用便捷，而且体感舒适、智能化。

凌晨 3 点，绝大多数人都睡梦正酣。然而，数学与财经学院的会议室有一群人仍在为他们的项目策划方案做最后修改。徐嘉作为团队的负责人，必须在规定时间内对每个成员的成果进行汇总，再反复修改——这样的日子已经持续了好久。团队成员一边要完成必修专业课，一边要为创业大赛做充分准备。

从产品的研发到销售，尤其是在产品的包装和推出过程中，团队的每个人可以说是呕心沥血，一步步地不断进取。

"针对群体会不会太广泛了啊？"数学与财经学院2016级的向鋆对预销售方案提出意见。徐嘉也认为，销售对象中"青年"的年龄跨度太大，定位不是很准确。经过热烈的讨论分析，他们将市场受众和预销售群体定位在10~22岁。同时，他们也调整了营销模式，将营销分为三个阶段：初创期线上以自己网站平台为主，其他社交平台、电商平台为辅；线下第一阶段主打校园市场，目标消费人群为在校学生，预计时间为两年。第二阶段成长期准备覆盖整个青年市场，目标消费人群为15~40岁的男女性，预计时间为三年。第三阶段成熟期则为大众市场，目标消费人群为各年龄段的男女性，实现由合作营销到自主营销的转变。

只有营销还不够，还需要真正把产品推广出去。"销售渠道也分三个阶段，初创期采用比邻网站（一款电话社交平台APP）+社交媒体+校园团队（合作营销），成长期采用比邻网购平台+电商平台+品牌商城（合作营销），成熟期采用比邻网站+电商平台+比邻实体店（自主营销）。"徐嘉介绍说。

经过学院到学校，再到专家选拔，团队终于突破重重困难，登上了与整个重庆市其他各大高校对决的战场。

整个团队的成功离不开每小时甚至每分钟的精心准备。"当时的发挥比我想象中好很多，整个过程出乎意料的自然。"主讲人、数学与财经学院2016级的张倩回忆，"不过当时出现了一个小小的失误，答辩上场之前，我们把激光笔拿错了，还是有点小慌张，后来还是及时调整过来了，整个过程表现也比较好。"

"不管什么时候一定要自信、胆子要大，不能有畏惧之心。"向鋆总结，"还要有团队精神、大局意识、协作精神。"

"暖手宝的未来有无限可能，相信它的前途一定是光明的！"徐嘉非常看好他们设计的产品。

【本章思考题】

1. 创业计划书撰写内容是什么？

2. 创业计划展示PPT具体内容是什么？

3. 实训：根据你的创业项目或以他人的创业项目为基础，制订一份创业计划书。

第七章　创业资源与融资

创业者在企业成长的各个阶段都会努力争取用尽量少的资源来推进企业的发展，他们需要的不是拥有资源，而是要控制这些资源。

——哈佛商学院教授 霍华德·史蒂文森

第一节　创业资源

创业资源是指初创企业在创造价值的过程中需要的特定的资产，包括有形资源与无形资源，它是初创企业创立和运营的必要条件。也就是说利用并管理好创业资源，是创业成功的重要因素。创业资源的获取和整合伴随于整个创业过程之中，创业者需要有效识别各种创业资源，并且积极借助企业内外部的力量对创业资源进行组织和整合，实现企业的核心竞争力。对于初创企业来说，创业者是其独特的资源。创业资源具有以下几个特点：

（1）时效性。创业资源具有时效性，只有在恰当的时机才可以被利用，受时间影响最大的就是环境资源、信息资源。

（2）广泛性。创业资源非常广泛，有无形的环境资源、信息资源，有形的资金资源、人力资源，围绕在我们生活的无所不在。

（3）整合性。创业资源可塑性很强，不同的资源之间需要相互整合。资源不是摆设，企业只有通过对资源进行有效整合，才能形成企业的核心竞争力，并获得市场独占性和企业长期的生命力。

一、创业资源分类

创业资源主要包括：资金资源，人才资源，技术资源，客户资源，政府资源以及信息资源六大类。

（一）资金资源

资金资源主要由前期创业资本和中后期的融资组成。创业资本决定着企业前期启动的稳定性与持久性。无论是前期注入还是中期续投，都必须考虑到资金的流动并进行合理分配使用。具体来说，资金资源包括银行贷款、风险投资、政策性的低息或无偿扶持基金、租金等。在拟定创业计划时应着重根据创业资金确定规模，避免后期乏力。创业者需要一笔启动资金来购买设备和原料、租用办公场地、招聘工作人员等，这些都需要开支。资金的来源可以分为以下渠道：

（1）自有积蓄。成功的企业家的创业资金有 30% 来自自己的积蓄。先打工赚钱，再出来创业也成了许多创业者的路径规划。

（2）从朋友、亲戚处借取资金。如果条件允许，从亲戚朋友处借钱是一个不错的选择。但是一定要考虑偿还能力。

（3）合伙人资金。注册公司时，通常需要合伙人出资一起成立公司，合伙创业的方式可以减轻创业初期资金的压力。

（4）加入孵化计划/赢取创业基金。很多城市的创业园区、政府机构都有为创业者提供创业基金的政策和孵化器，提供办公的场所和初始基金；一些知名创业扶植服务机构（例如车库咖啡）、基金也会定期举办创业大赛，可通过比赛优胜方式获取其扶植。通常这样的创业者需要很强的实力，能获取扶植机构的青睐。

（5）寻找投资人投资。可以自行寻找投资人或者投资机构，如果项目足够好，通常可以直接拍板；

（6）申请银行贷款。很多银行都设有的小额担保贷款，特别是在一些政策扶持的青年创业基地。小额贷款利率按照中国人民银行公布的贷款利率水平确定，不得向上浮动。为鼓励创业，对微利行业实行政府据实全额贴息。微利项目具体为 19 个行业，包括家庭手工业、修理修配、图书借阅、旅店服务、餐饮服务、洗染缝补、复印打字、理发、小饭桌、小卖部、搬家、钟点服务、家庭清洁卫生服务、初级卫生保健服务、婴幼儿看护和教育服务、残疾儿童教育训练和寄托服务、养老服务、病人看护、幼儿和学生接送服务。在必要时可申请小额贷款，可用于满足企业日常生产经营的资金周转，帮助创业公司突破瓶颈。

（7）众筹募资。创业者可以把自己的产品原型或创意提交到众筹平台，发起募集资金，由感兴趣的人来捐献指定数目的资金（捐助者可以在项目完成后，得到一定的回馈，如这个项目制造出来的产品）。有了这种平台的帮助，任何想法的人都可以启动一个新产品的设计生产。国内目前比较有名的众筹平台：天使汇、大家投、点名时间、追梦网等。

（8）其他渠道。互联网金融的兴起，为贷款提供了很多渠道，但是一定要谨慎选择平台。

(二) 人才资源

同行间的创业之争，实质是人与人间的竞争。独木不成林。创业者自己再厉害，也无法独自扛下所有工作和问题，必须依靠一些人手来在智力、体力、精力、功力等方面进行互补与分担。不同经验、能力、态度、状态的人会释放出不同的力量，不同力量所换回的结果与成果就会差别明显，这就要求创业者如何把适用的、互补的、厉害的人绑在一起，与团队一起并肩作战。对人才资源的争夺、开发、利用程度是影响创业者能走多远、爬多高的创业要素指标之一，也是企业经营管理中不可或缺的关键资源与智慧。

公司设立的常设部门有行政部、财务部、市场部、服务部、研发部、采购部门等。为初创型企业，公司架构建设会花费大量的时间和资金，通过压缩人力资源成本，节约资金，是每个创业者需要考虑的至关因素。高科技人才和管理人才的引进，高水平专家顾问队伍的建设，一定要综合考虑，宁缺毋滥。

高素质人才的获取和开发，是现代企业可持续发展的关键。特别是高科技创业企业，因为其更大的知识比重，人才资源则更为重要。人才的管理与分配是创业过程中的重要环节。项目启动前对人才的搜寻、匹配、定位决定着项目发展的速度。另外，人才的引进与流失都是创业者需重视的问题。人才资源与客户资源息息相关，你有客户，但是你没有厉害的人才，你就不能把资源最大化。

苹果创立人乔布斯曾说："刚创业时，最先录用的 10 个人将决定公司成败，而每一个人都是这家公司的十分之一。如果 10 个人中有 3 个人不是那么好，那你为什么要让你公司里 30% 的人不够好呢？"由此可见，初创企业对于优秀人才的依赖要比已经成型的大公司大得多。

（三）技术资源

对于一个组织来说，技术包括两个方面，其一是与解决实际问题有关的软件方面的知识；其二是为解决这些实际问题而使用的设备、工具等硬件方面的知识。两者的总和就构成了这个组织的特殊资源，即技术资源。技术是自然科学知识在生产过程中的应用，是直接的生产力，是改造客观世界的方法、手段。技术对社会经济发展最直接的表现就是生产工具的改进，不同时代生产力的标尺是不同的生产工具，主要是由科学技术来决定的。在当代，科学技术对生产力发展的巨大推动作用，集中表现在邓小平的论断"科学技术是第一生产力"。

（四）客户资源

客户资源是指企业集群可以更好锁定和开拓目标客户，通过建立专业、细分、通畅的群内交易渠道，更好地获得客户需求，把握市场变化。很明显，企业集群的客户资源可以更好地增加其市场竞争优势。

在创业初期如何获取高质量的客户资源？需要明白以下几个问题：

（1）初创企业处在什么行业环境内？获取客户资源的第一步，要搞清楚我们所在行业的情况。我们所在行业的需求在什么方面最大，这样的行业拥有较大的需求量和产品接受能力。比如，在机械加工业存在着对切割机的大量需求；高端的仪表管阀件产品对于特种气体、半导体行业就是需求的。

（2）初创企业的产品定位如何？获取客户资源的第二步，明确自身产品定位。即是说，产品面向哪种层次的市场，低端、中端，还是高端市场。相应市场的需求又会有差别，对产品提出差别化的要求。这些都需要进行了解分析，达到有的放矢。

（3）什么是最好的客户？获取客户资源的第三步，最能发挥产品或服务价值的客户是什么样子的，即什么是最好的客户。例如，工业控制器产品就是定位于印刷机械、注塑机械行业的高端客户市场，那些具有较多的模拟量处理需求、复杂的算法要求、高速实时网络响应的产业机械设备就是目标客户，客户市场方向的选择、客户目标的定位基于此基础来设计的。

（五）政策资源

掌握并充分整合创业的政策资源、享受政府扶持政策，可使创业少走许多弯路，达到事半功倍之效。创业的扶持政策主要包括财政扶持政策、融资政策、税收政策、科技政策、产业政策、中介服务政策、人才政策等。政策资源对创业者而言是不可多得的成功创业的助推器。政策资源亦即是各项优惠扶持政策。

（1）财政扶持政策。"中央财政预算设立中小企业科目，安排扶持中小企业发展专项资金；地方政府根据实际情况为中小企业提供财政支持"。

融资政策："人民银行加强信贷政策指导，改善中小企业融资环境；鼓励商业银行调整信贷结构，加大对中小企业的信贷支持。各商业银行在其业务范围内提高对中小企业的融资比例，扩展服务领域。国家政策性金融机构采取多种形式为中小企业提供金融服务。县级以上人民政府和有关部门推进和组织建立中小企业信用担保体系，推动中小企业的信用担保"。

（2）税收政策。"国务院和省级人民政府对符合下列条件之一的中小企业，在一定期限内给予税收优惠：一是由失业人员开办，初期经营困难的；二是吸纳社会再就业人员比例较高的；三是设立在少数民族地区、边远地区和贫困地区的；四是从事高科技产品的研究开发的；五是从事资源综合利用和环保产业的；六是国家产业政策规定需要扶持的"。

（3）科技政策。国家制定政策鼓励中小企业按照市场需要，开发新产品，采用先进的技术、生产工艺和设备，提高产品质量。国家实施了一系列的科技计划，包括：科技攻关计划、星火计划、重点新产品计划、"863"计划、科技型中小企业技术创新基金。

（4）产业政策。对我国境内新办软件生产企业、集成电路设计企业和生产线宽小于 $0.8\mu m$（含 $0.8\mu m$）的集成电路生产企业，经认定后，自开始获利年度起，第 1 年和第 2 年免征企业所得税，第 3 年至第 5 年减半征收企业所得税。

（5）中介服务政策。政府有关部门在规划、用地、财政等方面提供政策支持，推进建立各类技术服务机构，建立生产力促进中心和科技企业孵化基地。国家鼓励社会各方面力量建立健全培训、信息、咨询、人才交流、信用担保、市场开拓等服务体系。

（6）创业扶持政策。"政府有关部门在城乡建设规划中合理安排必要的场地和设施，支持创办中小企业；地方政府应为创业人员提供工商、财税、融资、劳动用工、社会保障等方面的政策咨询和信息服务；国家鼓励引进国外资金、先进技术和管理经验，创办中外合资（合作）企业；鼓励依法以工业产权或者非专利技术等投资参与创办中小企业。为促进中小企业发展，科技部及地方政府大力发展科技创业服务中心即企业孵化器，为创业提供全方位的服务，并实行优惠政策鼓励其为中小企业提供良好的创业服务"。

对外经济技术合作与交流政策：政府有关部门和机构为中小企业提供指导和帮助，促进中小企业产品出口。国家制定政策，鼓励符合条件的中小企业到境外投资，开拓国际市场。国家有关政策性金融机构应当通过开展进出口信贷、出口信用保险等业务，支持中小企业开拓国外市场。

（7）政府采购政策。政府采购应优先安排向中小企业购买商品或者服务。政府是最大的消费者，各级政府每年要采购大量的商品和服务，要注意政府采购信息，向当地政府采购管理机构了解政府采购如何向中小企业倾斜。

了解政府扶持政策、整合政府资源的方式途径：

（1）上政府公网查询。现在政府一发布政策就组织其上网，并印发政府公报。你要注意定期到政府公共服务网上浏览检索，看看是否有新政策出台或者有否项目申报通知。

（2）委托政策服务公司提供政策咨询。政策服务公司比较关注政策变化，与政府有关部门关系密切，不仅了解政策，也知道如何帮助你享受政策。

（3）注意与有关部门保持密切的沟通。每一家企业都要与一些政府部门打交道，你也不例外，要注意配合你经常打交道的政府部门的工作，并注意定期向这些部门咨询政策。与政府部门保持密切的关系，你可以用足用好政府政策，寻求更快的发展。

（4）初创企业在条件允许的情况下，可指定专人负责有关政策信息的收集。要让每位员工了解并注意收集与其工作有关的政策信息，及时跟踪政策的变化。

（六）信息资源

信息资源与人力、物力、财力以及自然资源一样，都是创业企业的重要资源，因此，应该像管理整合其他资源那样管理整合信息资源。信息资源包括宣传和推介信息、中介合作信息、采购和销售渠道信息等，也包括对市场的敏锐观察力，比如对创业政策、新颁布法律法规的解读以及社会实时动态的把握等。

创业企业信息化的最高层次是决策，它具有前瞻性。企业在做决策时，关心的问题是来自包括竞争对手、政府、行业、合作伙伴、客户等在内的周边环境的变化。在对变化的预测、分析的基础上做出尽可能合理的决策，这个层次上的企业信息化通常针对创业以及高层管理所遇到的问题。对创业者而言，信息是不对称的，了解分析包括竞争对手、政府、行业、合作伙伴、客户等在内的周边环境的变化信息，才能做到"知己知彼，百战不殆"，才能做到"有的放矢"，集中精力财力人力抓住转瞬即逝的成功机遇。对于信息资源而言，整合当然包含有管理的内涵，既要整合管理好企业外部的资源，即要抓住企业好的发展机遇，又要整合管理好企业内部的信息资源，进行信息资源的规划。信息资源规划即是指通过建立全企业的信息资源管理基础标准，根据需求分析建立集成化信息系统的功能模型、数据模型和系统体系结构模型，然后再实施通信计算机网络工程、数据库工程和应用软件工程的一个系统化的企业信息化解决方案，以使企业高质量、高效率地建立高水平的现代信息网络，实现信息化建设的跨越式发展。

二、创业资源在创业过程中的作用

创业者获取创业资源的最终目的是组织这些资源追逐并实现创业机会提高创业绩效和获得创业的成功。无论是何种资源，无论它们是否直接参与企业的生产，它们的存在都会对创业绩效产生积极的影响。我们把以上创业资源重新分为两大类，即要素资源和环境资源。要素资源直接促进新创企业成长，环境资源影响要素资源并间接促进新企业成长，见表7-1。

表7-1 资源分类和资源内容

资源分类		资源内容
要素资源	场地资源	基础设施、通信系统、物业管理、商务中心、交通、配套设施等
	资金资源	银行贷款、风险投资、政策性的低息或无偿扶持基金、租金等
	人才资源	人才的引进、队伍的建设、员工的聘用等
	管理资源	企业诊断、市场营销策划、制度化和正规化企业管理的咨询等
	科技资源	科研帮助、科技成果、科技试验平台等
环境资源	政策资源	允许个人创业、技术入股，支持海内外合作，简化办事手续等
	信息资源	宣传和推介信息、中介合作信息、采购和销售渠道信息等
	文化资源	学习交流、合作支持、互相超越的文化氛围等
	品牌资源	借助大学或企业、科技园或孵化器的品牌，以及借助名人认可等

三、创业资源获取的途径

创业资源获取来自两个方面，一是自有资源，二是外部资源。自有资源主要指创业者或团队自身拥有的、可用于创业的资金、技术、创业机会信息、自建的营销网络、控制的物质资源或管理才能、管理组织等。自有资源可以通过内部培育和开发，企业通过一定的方式在内部开发无形资产、培训员工以及促进内部学习等获取有益的资源。外部资源则包括亲朋好友、同学、同事、商务伙伴或其他投资者的社会关系及其资源，或者能够借用的人、财、空间、设备或其他原材料等。下面，我们来分别看一下某些具体资源的获取途径。

（一）获取技术资源的途径

（1）吸引技术持有者加入创业团队。

（2）购买他人的成熟技术，并进行分析。

（3）购买他人的前景型技术，再完善开发。

（4）同时购买技术和技术持有者。

（5）自己研发（时间长，耗资大）。

（二）获取人力资源的途径

这里的人力资源不是指创业企业成立以后需要招募的员工，而是指创业者及其团队拥有的知识、技能、经验、人际关系、商务网络等。可以通过多实践，多接触社会来积累经验，拓展人脉。比如招募实习，模拟公司运作，参加校园创业大赛或者挑战杯大赛，与优秀的人共事等。获取人力资源的途径主要有社会招聘以及组织内部培训。下面来对这两个途径的优缺点进行分析。

1．社会招聘

优点：

（1）给企业增添新鲜血液。新员工带来新观点和新认识，这也是企业每年定期从高校吸收人才的原因之一。

（2）外聘来的人才无形中给企业内部员工产生一种压力，迫使他们更加努力的工作。

（3）外聘的方式在某些时候节省了时间和企业的培训费用。

缺点：

（1）成本高，招聘得到的员工不一定是企业需要的。

（2）外聘的人才需要花费较长的时间了解企业，从而影响企业整体绩效。

（3）有可能外聘企业仅仅是外聘人才的流动站。

2．内部培训

优点：

（1）员工的忠诚度较高，因为员工了解并认可本企业文化，较容易与企业建立一种心理默契。

（2）通过内部培训可以对员工起到激励的效果。

（3）在一定程度上可以节省外部招聘昂贵的招聘成本。

缺点：

（1）培训所花费较长的时间

（2）接受培训的是少数，容易挫伤及影响其他人的积极性。

（3）如没有严格的培训计划和内部晋升制度，一般内部发展计划的成本会很大。

（三）获取外部资金资源的途径

（1）靠亲友筹资，双方形成债权债务关系。

向家人朋友借钱，应该是很多创业者采取的方法。优势是成功概率高、投资和利息条件更优惠，而且能够更快拿到钱。但随之而来的问题也有父母可能会插手公司；如果创业失败，可能会一辈子对他们有负罪感。

（2）银行贷款，抵押或企业贷款。

创业者可以把自己的产品原型或创意提交到众筹平台，发起募集资金，由感兴趣的人来捐献指定数目的资金捐助者可以在项目完成后，得到一定的回馈，如这个项目制造出来的产品。有了这种平台的帮助，任何想法的人都可以启动一个新产品的设计生产。互联网金融的兴起让许多人们曾经以为的不可能事情成为可能，现在，有越来越多的国外创业者开始在 Kickstarter、Indiegogo 等众筹网站募集资金，国内也出现了很多出色的众筹平台如天使汇、大家投、点名时间、追梦网等。一般来说，创业众筹可以分为三种模式，分别是凭证式，会员制和股权式。创业股权式的众筹在中国已经有了不少案例，也获得了社会的极大关注。对于绝大部分创业者来讲，创业股权式众筹的先锋式尝试可以帮助他们有效的找到资金。

（3）争取政府某个计划的资金支持。

（4）所有权融资，包括吸引新的拥有资金的同盟者加入创业团队，吸引现有企业以股东身份向新企业投资，以及吸引企业孵化器或创业投资者的股权资金投入等。

很多城市的创业园区、政府机构都有为创业者提供创业基金的政策和孵化器，提供办公的场所和初始基金；一些知名创业扶植服务机构、基金也会定期举办创业大赛、Demo 活动。用赢取创业基金的方式筹集创业的"第一桶金"，不失为一个高效、可行的办法。但同时也要求创业者具备足够的实力，从众多申请者中脱颖而出。

（5）一个好的创业计划，可吸引创业基金甚至风险投资。

（四）获取市场与政策信息资源的途径

技术、市场及政策等信息是创业者正确决策的信息依据，是适时调整创业思路的基础。在千变万化的市场经济中，如不能及时地、完备地、得到这些信息，创业者必然会"盲人摸象"处处碰撞。同时，如果各种信息离散度大、层次浅、难以保证技术经济信息的完整性、准确性、及时性和有效性、这无疑会影响创业企业的决策。甚至关系到创业企业的成败。获取有效信息途径包括：

（1）与政府机构接洽。

（2）与同行创业者、企业积极探讨。

（3）利用专业信息机构有偿获取。

（4）互联网搜索。

（5）大学研究机构。

（6）新闻媒体。

（7）展会、业内会议。

【案例】

"爱彼迎"的创业故事

目前估值310亿美金，超过全球第一大酒店集团希尔顿，全球400万个房源，遍布190多个国家和地区的6.5万个城市，接待过2.6亿人次房客，这就是火遍全球的共享短租服务公司爱彼迎。谁能想到，独角兽公司的萌芽，只是因为付不起房租的创始人想通过出租充气床来赚外快，公司也一度濒临破产，靠卖麦片才撑过难关。内森·布莱查奇克等3个80后创始人，从穷光蛋室友变成了如今的亿万富翁，还因为开创了分享经济这个商业新方向，开始影响世界经济的格局。

当年创办爱彼迎的时候，根本都没有"分享经济"这个名词，创业原因只有一个字：穷！那是2007年秋天，爱彼迎创始人布莱恩·切斯基（Brian Chesky）和乔·格比亚（Joe Gebbia）都是毕业于罗德岛设计学院的学生，哥俩都穷得付不起在旧金山的房租。

当时有个设计师大会在旧金山举行，酒店的房源供不应求。乔想了个点子，在邮件中对布莱恩说：嘿，兄弟，我想了个办法赚点外快——把我们的公寓变成一个提供住宿和早餐的民宿，在4天的会议期间，给设计师提供无线网、小工作桌、充气床还有早餐！他俩迅速行动起来，把3个充气床摆在房间里，就准备"接客"了——虽然简陋，但这是爱彼迎的第一个房源。这里入住的第一批客人，2位男士和1位女士，每人向房东支付了80美元房租。

从此之后，乔和布莱恩看到了在线短租的前景，拉了工程师朋友内森·布莱查奇克入伙开始创业。刚开始，他们做匹配室友的服务，做了4个月，随后发现另一家"Roommates.com"已经做得很棒了，他们就重新回到提供住宿和早餐的服务。网站最初的域名为"Airbedandbreakfast.com"（后改为更为简约的"Airbnb.com"），主要是为房东和旅行者提供线上交易平台。三个合伙人各有分工——布莱恩是CEO，乔要负责网站设计，工程师出身的内森则提供技术支持。

2008年，爱彼迎抓住了大型线下活动的机会。Airbed and Breakfast首先在2008年3月的大型线下活动"西南偏南大会"（SXSW）上推出了产品，当时也适逢美国总统大选，他们在美国总统候选人之一奥巴马的演讲地点丹佛市做推广——因为丹佛市酒店很少，但是去看奥巴马的人又很多，所以他们一下火了。不过，Airbed and Breakfast 的发展在这些大活动之后很快陷入了停滞。

2008 年夏天，他们完成了爱彼迎网站的最后版本的开发。最初的网站由一个主页、搜索版块、评论版块和支付系统构成，大部分版块在今天的爱彼迎网站上依然存在。网站上线后，他们被引荐给了 15 位天使投资人。当时他们想以 150 万美元的估值融资 15 万美元，在这 15 个投资人里，7 个压根就没有回复，剩下 8 个回复的投资人分别在邮件里回复了拒绝的理由。布莱恩在一次访谈中说到，很多人曾告诉他，爱彼迎是他们知道的最后能成功的、最烂的创业想法。

爱彼迎公司濒临破产、难以为继，乔和布莱恩一度靠透支信用卡来维持。后来，借美国大选的东风，布莱恩设计了两款总统选举主题的麦片——奥巴马口味和麦凯恩口味（当时的共和党总统竞选人），每盒 40 美元，市场反响比预计的要好，在卖出了 1000 盒麦片后，他们最终挣了 3 万美元——这也是 Airbed and Breakfast 服务早期最重要的一笔资金来源。而那些没有卖完的麦片，成了切斯基他们的一段时间的口粮。

在导师的推荐下，切斯基团队得到了和硅谷的创业孵化器 Y Combinator 创始人保罗·格雷厄姆（Paul Graham）面试的机会。"他们的点子糟糕透了。"保罗·格雷厄姆面试时并不看好这个疯狂的想法，认为那些想要把自己的家租给陌生人的人都有病。在离开之前，乔和布莱恩送了一盒麦片作礼物给 Paul 当作纪念品，保罗问他们哪里买来的这个麦片，爱彼迎说是他们自己做的，于是讲述了这个卖麦片为生的故事。保罗·格雷厄姆说，他决定给 Airbed and Breakfast 提供 2 万美元的启动资金，让这个初创团队加入 Y Combinator 的孵化项目，"因为创始人们有不死的信念，而且很有想象力"。

2009 年，鉴于爱彼迎成交情况并不乐观，乔和布莱恩亲自体验了 24 家不同的房源，试图找出问题根源。原来，房主们拙劣的拍照技术和糟糕的文案，掩盖了房屋本身的优势。于是，他们花了 5000 美金借了一部高档相机，挨家挨户免费为许多纽约房东拍摄照片。很快，纽约的订房量涨了两三倍，当月公司在当地收入整整增长了一倍。这一做法很快被复制到巴黎、伦敦、迈阿密等地。

在孵化器的 13 个星期里，爱彼迎的每周收入从 200 美元上涨到 4500 美元。2009 年 4 月在孵化结束时，爱彼迎获得红杉资本 60 万美元的投资。2010 年 1 月，爱彼迎总预订天数还只有 10 万，但是到年底时这个数字就增长到 80 万，它在一年内实现了 700% 的增长。此时，爱彼迎早已走出纽约，成长为一个全球性的网络服务。

2011 年 5 月，创始人布莱恩·切斯基对《金融时报》表示，"我真的认为我们（Airbnb）将成为继 eBay 后另一个大市场"。这个时候，爱彼迎的总预订数已经累积到 160 万。同年 7 月，爱彼迎成功完成 B 轮融资，金额达 1.12 亿美元，公司估值达 13 亿美元。2013 年，爱彼迎营业额已经达到 2.5 亿美金。2014 年年中，爱彼迎融资总共超过 8 亿美金，估值 130 亿美元。

2017 年 3 月 10 日，爱彼迎最新的一轮融资有 40 余家机构参与，该公司估值也由此达到 310 亿美元。

爱彼迎开创的是共享经济的新概念，需要人们敞开自家大门，把自己的房子租给素未谋面的陌生人。当我们今天谈到爱彼迎，要看明白它的商业模式并不困难，但在这条路上承担着几乎所有人的质疑、熬过每天吃麦片的窘困境地并最终坚持下来，从而改变了世界的，只有爱彼迎一家公司。

【拓展训练】

1. 你现在有哪些创业资源？请开列出来。

2. 把你的资源分类。

3. 哪些是你特有的创业资源？

4. 你还缺少哪些关键的创业资源？

5. 你将如何寻找你的创业资源？

四、创业资源的整合

创业资源整合指创业者对不同来源、不同层次、不同结构、不同内容的创业资源进行识别与选择、汲取与配置、激活和有机融合，使其具有较强的柔性、条理性、系统性和价值性，并创造出新的资源的一个复杂的动态过程。资源整合，是企业战略调整的手段，也是企业经营管理的日常工作。整合就是要优化资源配置，要获得整体的最优。

创业资源是指新创企业在创造价值的过程中需要的特定的资产，包括有形与无形的资产，它是新创企业创立和运营的必要条件，主要表现形式为：创业人才、创业资本、创业机会、创业技术和创业管理等。创业资源不在于拥有，而在于整合利用。创业资源可塑性很强，不同的资源之间需要相互整合。资源不是摆设，企业只有通过对资源进行有效整合，才能形成企业的核心竞争力，并获得市场独占性和企业长期的生命力。所谓创业资源整合，就是指寻找并利有效利用各种创业资源的过程，并且这一过程应当具备两个基本特点。即：尽量多的发现有利的创业资源，和以效率最高的方式来配置、开发和使用这些资源。

创业需要资源整合，资源整合就是一种交换、共享，目的就是创造与合作者的共同利益，产生 1+1>2 的结果，一句话叫共赢。创业初期依靠个人能力去冲击市场，力量是有限的，只有通过资源交换和合作，才能创造出新的竞争优势，弥补各自企业的短板，相互放大各自的价值，做到共生与共赢。资源整合，向上是借大平台之势，与 BAT、小米、360 等行业巨头们的合作；向下就是与合作伙伴之间的深度捆绑，或许可以放大合作的效果，带来意想不到的收获。当然创业者出来创业，起步时本身的资源是有限的，要把自身资源发挥到最大的价值，同时能借助别人的资源优势，开创新价值，就需要掌握一些资源整合的知识和能力。创业者能否成功地开发出机会，进而推动创业活动向前发展，通常取决于他们掌握和能整合到的资源，以及对资源的利用能力。许多创业者早期所能获取与利用的资源都相当匮乏，而优秀的创业者在创业过程中所体现出的卓越创业技能之一，就是创造性地整合和运用资源，尤其是那种能够创造竞争优势，并带来持续竞争优势的战略资源。

（一）拼凑

成功创业本身的偶然性因素占了很大的比例，而创新的东西竞争力自然就强，所以创新就成了成功创业过程中少数的必然。任何创新都是站在前人的肩膀上，高手往往就是把曾经所谓的原创加入一些新的元素重新组合，就成了创新。过去别人已经失败的经验都可能成为可被利用的资源，通过思考别人失败的原因，反向找出正确的解决方案，伟大的创新就诞生了。所以我们就会看到一些并不是科班出身的人却做出了高技术的产品。原因就在于他们在拼凑的过程中有个发现的眼光。

（二）稳扎稳打

资源本身的投入是根据创业者所处的阶段而定，有限的资源在每个阶段都必须做到极致的发挥。具体策略表现为有效地降低管理成本，又不影响产品的品质及服务。很多创业者都过于依赖外部资源，比如顾客资源过于集中在一两家企业，于是大树一摇晃，自己也跟着风雨飘摇。在资源有限的情况下，更要自力更生，活下去就要拓展更多的客户资源。稳扎稳打的创业者，或许过于谨慎，但是从成长迈向成熟，这种对风险管控的稳健作风更具参考价值。

（三）发挥杠杆效应的能力

就如企业管理的核心是找到关键人才，创业企业在坚持过程中一定会遇到关键资源，往往这就是企业发展的转折点。当关键资源出现时，就必须发挥杠杆的效应，扩大成果。关键资源大多数来自与他人的合作，这种合作往往产生更高的复合价值。通过与人合作把自己的优势进行嫁接，迅速扩大市场份额，增加其价值，这就是加杠杆。大公司与大平台之间进行资源互换而发生的杠杆效应，就是创业企业需要学习的经验。

发挥资源杠杆效应尽管存在资源约束，但创业者并不会被当前控制或支配的资源所限制，成功的创业者善于利用关键资源的杠杆效应，利用他人或者别的企业的资源来完成自己创业的目的：用一种资源补足另一种资源，产生更高的复合价值；或者利用一种资源撬动和获得其他资源。其实，大公司也不只是一味地积累资源，他们更擅长于资源互换，进行资源结构更新和调整，积累战略性资源，这是创业者需要学习的经验。对创业者来说，容易产生杠杆效应的资源，主要包括人力资本和社会资本等非物质资源。创业者的人力资本由一般人力资本与特殊人力资本构成，一般人力资本包括受教育背景、以往的工作经验及个性品质特征等。特殊人力资本包括产业人力资本（与特定产业相关的知识、技能和经验）与创业人力资本（如先前的创业经验或创业背景）。调查显示，特殊人力资本会直接作用于资源获取，有产业相关经验和先前创业经验的创业者能够更快地整合资源，更快地实施市场交易行为。而一般人力资本使创业者具有知识、技能、资格认证、名誉等资源，也提供了同窗、校友、老师以及其他连带的社会资本。相比之下，社会资本有别于物质资本、人力资本，是社会成员从各种不同的社会结构中获得的利益，是一种根植于社会关系网络的优势。在个体分析层面，社会资本是嵌入、来自并体现在个体关系网络之中的真实或潜在资源的总和，它有助于个体开展目的性行动，并为个体带来行为优势。外部联系人之间社会交往频繁的创业者所获取的相关商业信息更加丰裕，从而有助于提升创业者对特定商业活动的深入认识和理解，使创业者更容易识别出常规商业活动中难以被其他人发现的顾客需求，进而更容易获得财务和物质资源——这正是其杠杆作用所在。

（四）连接

一是你过去学习、生活、工作的经历所形成的固定人脉；二是主动参加社会学习实践，向外连接结交的人脉资源。资源往往是越用越熟，特别是人力资源，今天可能没有作用，明天就会发展出人意料的作用。所以保持你自己所有人际关系的连接、经常性的互动是必须学会的基本技能。人力资本中起作用的就是基于关系的互动，关键性人力资本的出现往往在企业发展中起决定性的作用，记住互动是建立连接最有效的方法。

所有的创业者可以依赖的社会资本，都来自对关系的理解。说简单点就是你进入哪一个利益圈子，决定了你资源的整合能力。作为个体，你嵌入了哪一个更具有潜在资源的群体或是社会关系网络之中，你的优势就在于能获取更直接的商业信息，这一步的领先就因为圈子不同。建立连接，进入成功者的圈子，就是杠杆效应最极致的作用体现。最后利益分配是资源整合的命脉。长久的合作往往取决于一个合理的利益分配机制，所有的资源整合都是与利益相关的。

第二节　创业融资

融资，从广义上讲，就是货币资金的融通，当事人通过各种方式到融市场上筹措或贷放资金的行为。从狭义上讲，融资是一个企业的资金筹集的行为与过程，也就是说公司根据自身的生产经营状况、资金拥有的状况，以及公司未来经营发展的需要，通过科学的预测和决策，采用一定的方式，从一定的渠道向公司的投资者和债权人去筹集资金，组织资金的供应，以保证公司正常生产需要，经营管理活动需要的理财行为。

一、创业融资的难点

融资是各种经济活动中最基本的活动，在创业的起始阶段，创业者首先面临的难题就是如何获得资金。

（一）创业融资需要确定和处理的问题

创业融资需要解决和处理的问题包括：

（1）确定企业资金的需求（多少）。

（2）何时需要这些资金。

（3）何处、向谁筹集资金。

（4）资金维持多久。

（5）资金使用过程安排与管理。

（二）初创企业融资问题

初创企业融资面临的问题包括：

（1）创业企业缺少甚至没有资产，无法进行抵押。

（2）创业企业因是新兴产业，没有可参考的经营情况。

（3）创业企业的融资规模相对较小。从贷款规模比较，对中小企业贷款的管理成本为大型企业的 5 倍左右。

（三）初创企业融资常见的致命问题

错误 1：融资计划启动太早。几乎所有投资机构或投资人都有一套标准来筛选和投资哪些目标企业，如果你项目不满足这些最低要求，就不会进入到他们的投资名单里。因此，建议作为创业者，你首先要研究那些基金或天使投资者的投资风格，以及和自己业务现有的关联点在哪里，再开始发送您的商业计划书给合适的投资人。这不仅可以节省你的时间，而且可以确保你在准备好的时候，不会破坏潜在的合作关系。

错误 2：法律知识不足。大多数有两个或三个联合创始人的初创公司在开始筹资之前，一般都不会签署任何协议，这其实是错误的。虽然你和其他团队成员可能认为彼此会永远在一起，但现实中可能会碰到各种挑战。创业之路本来就是起起落落的，每个人在团队的重要程度会随着项目的发展而改变，意见和分歧会增加，成员之间可能出现内耗，甚至发现最终项目方向不是大家期待的。所以，如果在融资之前签署一份协议，清楚地约定每个创始人的责任、里程碑任务、权利的时间表，甚至成员退出项目的方式和成果的分配等，将有利于凝结团队的力量。

错误3：轻易释放公司股权。对于处于创业阶段的初创企业来说，因为缺少现金，而选择给提供商公司自己的股份作为等价兑换，这种方式越来越常见，但其中存在较大风险。比如说某个供应商只是给你做了一套商标，另一个供应商只是给你做个网站，于是在整个项目还没有开始启动之前，你的股东名单里面就有十几、二十几个"投资者"。复杂的股权结构关系会让你项目的融资过程变得非常困难，因为你要花大量时间协调这些关系。股权只应提供给那些将长期参与公司的服务的合作伙伴。

错误4：等到需要钱的时候才开始筹款。早期创业投资是一种基于信任的投资，而建立信任需要花费时间。如果你在财务压力很大的情况下才开始融资，那么没有足够时间和投资人建立信任关系，只能有两个结果。

（1）没有及时筹集资金，资金链断裂，所以不得不放弃这个创业项目。

（2）由于缺乏信任，被迫接受不利的融资条件和协议。

对于初创企业的融资非常需要战略规划，如果你仔细制定方案，将大幅度增加融资成功的机会。

（四）初创企业融资问题根源

1. 不确定性

从创业活动本身来看，面临非常大的不确定性。创业企业的不确定性比既有企业的不确定性要高得多，创业企业缺少既有企业所具备的应付环境不确定性的经验，尚未发展出以组织形式显现出来的组织竞争能力。

2. 信息不对称

信息不对称是指创业者比投资者对自身能力、企业产品、创新能力、市场前景更加了解，处于信息优势的地位。与创业者相比，投资者则处于相对信息劣势的地位，其只能根据感知到的信息进行判断，某些有技术缺陷、缺乏专业管理的初创企业也许会因为漂亮的商业计划书而获得投资，而真正优秀、未来可期的初创企业可能会因为没有很好地向投资者展示自身优势而丧失投资机会。

二、创业融资的程序

（一）基本程序

化解融资难题，创业者需要了解创业融资的过程和融资渠道。一般来说，创业者获得第一笔创业投资的步骤如下：

（1）科学估价，了解自身需求。充分认识创业项目，对项目进行合理价值估算，同时对于未来资金需求有一个大致的计划。

（2）分析风险投资市场，寻求目标投资者。认识并了解各大风险投资基金，扩大圈子，找到适合自己的投资者。

（3）准备商业计划书，接洽目标投资者。了解目标投资者曾经投资的项目，对已有的项目计划书做出适当调整。

（4）确定最终的风险投资者，接受尽职调查。

（5）协商谈判，签署投资协议。与投资者公平、公正、公开地达成投资协议。

（6）获得风险投资，投资者参与经营管理。

（二）具体程序

1. 融资前的准备（至少融资 6 个月之前开始）

（1）建立个人信用。

个人征信报告是您向银行申请贷款时，银行对您的还款能力判定的重要依据，也是申请贷款必不可少的资料之一，良好的个人征信可以顺利地拿下银行贷款。大学生应当从现在起，建立良好的个人信用。

（2）积累人脉资源。

俞敏洪先生曾经说过："想要知道你今天究竟值多少钱，找出你身边最要好的 3 个朋友，他们收入的平均值就是你应该获得的收入。"大学生如何积累人脉？老师、同学是最易被忽视的人脉资源；学长、校友是实习、求职时最有利的导师。大学生应在校时积极参与社团活动，认识不同专业的同学、老师；在外善于接触社会，利用寒暑假兼职，发挥自己积极的作用，提前建立好自己的社会资本。

（3）确定融资计划。明确自己融资的目的和将要达到的目标，做好预期管理。在 2019 年的资本环境下，融资的时间周期整体增加，短则 3 个月，长则一年以上。因此，切记要留好足够的融资时间并提前做好准备，避免资金链断裂。

（4）准备商业计划书（BP）。BP 是融资的基础，在投资人没有接触创业者前，用思路清晰的 BP 给投资人留下好的印象至关重要。同时准备 BP 的过程也能帮助创业者理清自己的创业思路，而在随着融资的进程，我们也要逐步更新 BP 相关内容，完善商业逻辑。

（5）投资人寻找及筛选。目前接触投资人的渠道相对公开，我们可以通过朋友引荐、官网投递、参加创投活动或路演等形式将自己的项目推荐给投资人。但在寻找过程中我们一定要注意筛选匹配的投资人，以帮助我们更高效的进行融资。一般来说主要从以下几个方面来筛选，一是投资领域是否匹配，二是投资轮次是否匹配，三是投资理念是否一致。

2. 测算资本需求量

（1）估算启动资金。

（2）测算营业收入、营业成本、利润。

（3）编制预计财务报表。

（4）结合企业发展规划预测融资需求量。

3. 编写创业计划书

（1）编写创业计划书是通过勾画未来的经营路线和设计相应的战略来引导企业的经营活动，用于吸引借款人和投资者。

（2）创业计划书的内容主要包括企业的使命、企业与行业的特征、企业的目标、经营战略、产品或服务的说明、市场营销战略、目标顾客群体、目标市场、市场需求量、广告和促销、市场规模和趋势、地点、定价、分销、竞争者分析、组织结构、财务现状与预测、资金需求等。具体请参照本书第六章内容。

4. 确定融资来源

（1）利用互联网、创新创业大赛、融资展会、创业者大会、公关、媒体、熟人介绍等渠道。

（2）根据项目性质和资金需求确定目标投资商。

（3）与投资方进行前期接洽。前期接洽时要对项目该保密的信息进行保密，以免核心秘密或技术被人剽窃。

5. 机构洽谈对接

在准备好融资所需材料及找到合适投资人资源后，就是与投资人的接触沟通。在接触过程中我们一定要注意熟记项目的重要指标（营收、利润率、客户情况等），尽量配合投资人的投资访问工作。融资谈判的主要内容有：

（1）投资人约谈。沟通过程中尽量简练，注重突出项目亮点。与投资人多互动，获取对方感兴趣的点，并着重沟通。

（2）投资意向书协商签署。需要了解到不是所有机构的流程中都有给投资意向书的环节，同时其条款并无强制约束力，即投资人尽职调查完成后理论上可以不进行投资而无须承担责任。因此不要花太多时间在 TS 上，协商过程中要着重关注估值、股比、董事会席位、投资人的"保护性权利"等条款。

（3）尽调配合。投资人尽职调查主要分为业务尽调、财务尽调、法务尽调，主要以书面材料的形式进行考察，同时投资人会进行客户访谈、高管访谈等辅助方式来对尽调材料进行完善。需要注意的是在尽调前我们需与投资人签署保密协议，以避免公司信息的泄露。在签署保密协议后，尽量配合投资人进行尽调工作。

融资谈判一般都是融资企业与资金方进行谈判，谈判会涉及融资的成本、条件、支付办法、管理等问题。由于资金方与创业者是两种完全不同的两类人，所以谈判之前创业者需要对资金方进行充分了解。谈判时心里一定要明白吸引创业投资不是去争取施舍，投资方愿意跟你谈判主要是因为你的项目有潜力，有给投资者带来巨额回报的可能，所以作为创业者心里要有底气，要做好充分准备，事先想想对方可能提到的问题；要表现出信心；陈述时抓住重点，条理清楚；记住资金提供者关心的是让他们投资有什么好处。这些原则对融资至关重要。

6. 交易结构谈判

投资交易结构分为：投资核心条款、常规投资条款等。投资核心条款包括估值、投资额、投资款发放步骤（一次或分批、工商变更方式等）。常规投资条款包括公司治理、反稀释、优先受让与共同售出等相关条款。我们在协商谈判的过程中一定要尽量争取公司的权益，同时不要接受对赌等风险较大的条款。

注意事项：

（1）正式投资协议是具有法律效力的，在签署前需要经过多轮谈判及相互探讨，一定要把具体的条款内容搞清楚。

（2）建议聘请律师对核心条款进行解释，尽量避免协议的陷阱与疏忽。

（3）即使已签署协议，还存在投资机构不打款的情况，尽量缩短打款时间，避免投资机构迟迟不打款。

7. 融资所需提交的材料

融资的形式是多种的，但是需要选择适合自身需求的。公司在办理融资的时候要按照规定的流程来进行，这样才能确保融资行为是合法的，而且会获得想要的融资。同时也需要提供融资相应的证明和所需的抵押资料等。所需材料：

（1）贷款申请书（公司简介、借款原因、用途、金额、期限、担保方式、还款来源等）。

（2）有效的法人登记证明正本复印件（须验看正本原件）。

（3）法定代表人资格认定书、身份证复印件。（授权办理的，还应出具授权书、受权人身份证复印件）。

（4）申请时前三年的年度财务报告（包括资产负债表、损益表、现金流量表及会计报表附注）和申请前一个月的财务月报表；以及纳税申报表及增值税发票。

（5）按《公司法》设立的客户（含保证人，下同），应提供公司章程、连续的验资报告、股东名单、主要经营管理者的简历等。

（6）有效的贷款证卡。

（7）贷款用途证明资料（如购销合同等）。

（8）股份制企业要提供股东会或董事会决议（当面签名）。

（9）担保方式是保证担保的，应提供保证人的上述资料。

（10）担保方式是抵（质）押担保的，应提供抵（质）押品清单、抵（质）品物权凭证原件和所有权人同意抵（质）押的书面证明。

创业过程与融资渠道的匹配见表7-2。

表7-2 创业过程与融资渠道的匹配

融资渠道	种子开发期	启动期	早期成长	快速成长	成熟退出
创业者	■	▨			
朋友和家庭	■	■			
天使投资	■	■		■	■
战略伙伴	■	■	■	■	
创业投资	▨	■	■	■	
资产抵押贷款		■	■	■	
设备租赁			■	■	
小企业管理局投资	■	■	■		
贸易信贷			■	■	
IPO					■
公募债券					■
管理层收购					■

注：黑色部分表示该阶段的主要融资渠道，灰色部分表示该阶段的次要融资渠道。

三、创业融资的途径

融资渠道是指取得资金的途径，即资金的供给者是谁。创业融资的途径有许多，主要分为私人资本融资和机构融资两大类。私人资本融资主要有自我融资，向亲朋好友融资，天使投资等；机构融资主要有银行贷款，风险投资以及政府扶持基金等。

（一）私人资本融资

因为创业企业具有的融资劣势，使他们难以通过传统的融资方式如银行借款、发行债券等获得资金。所以，私人资本成为创业融资的主要组成部分。我国的私营中小企业在初始创业阶段几乎完全依靠自筹资金，90%以上的初始资金都是由主要的业主、创业团队成员及家庭提供的，而银行、其他金融机构贷款所占的比重很小。

1. 自我融资

近70%的创业者依靠自己的资金为新企业提供融资。个人资金具有使用成本低、得来容易和使用时间长等优势。其他投资者在提供资金支持时，也会考虑创业者个人资金投入的情况。

2. 向亲朋好友融资

除企业者个人资金外，亲戚朋友的资金支持是资金来源的另一种主要形式。其优点是成本低，易获取；缺点是投资人和创业者在管理权及利益分配上容易产生冲突。

大多数只能作为启动资金在初期使用。

提问：在向亲朋好友融资时，如何避免日后可能出现的纠纷？

3. 天使投资

"天使"最早是对 19 世纪早期美国纽约百老汇里面进行风险性投资以支持歌剧创作的投资人的一种美称。天使投资是自由投资者或非正式机构对有创意的创业项目或小型初创企业进行的一次性的前期投资，是一种非组织化的创业投资形式。"天使"直接向企业进行权益投资，不仅提供现金，还提供专业知识和社会资源方面的支持，程序简单，短时期内资金就可到位。与创业投资公司不同的是，创业投资公司是用别人的钱投资，而天使投资人是用自己的钱投资。

天使投资人通常以股权的形式投资于早期创业企业，股权的持有期限为 5~8 年左右。天使投资人除了提供资金之外，还会积极地参与创业企业的管理，用自己的创业经验或专业技能来指导和帮助创业企业家。天使投资主要以极具成长性的高科技创业企业为投资对象，投资的风险较高，因此它所要求的投资回报也很高。在欧美国家，天使投资期望的税后年均回报率高达 30%~40%。

（二）机构融资

1. 商业银行贷款

银行贷款被誉为创业融资的"蓄水池"，由于银行财力雄厚，而且大多具有政府背景，因此在创业者中很有"群众基础"。从目前的情况看，银行贷款有以下 4 种：

（1）抵押贷款，指借款人向银行提供一定的财产作为信贷抵押的贷款方式。

（2）信用贷款，指银行仅凭对借款人资信的信任而发放的贷款，借款人无须向银行提供抵押物。

（3）担保贷款，指以担保人的信用为担保而发放的贷款。

（4）贴现贷款，指借款人在急需资金时，以未到期的票据向银行申请贴现而融通资金的贷款方式。

创业者从申请银行贷款起，就要做好打"持久战"的准备。因为，申请贷款并非与银行一家打交道，而是需要经过工商管理部门、税务部门、中介机构等，而且手续烦琐，任何一个环节都不能出问题。

2. 风险投资

风险投资是指由专业机构提供的投资于极具增长潜力的创业企业并参与其管理的资本。风险投资的对象是处于创业期的未上市新兴中小企业，尤其是新兴高科技企业。风险投资的方式为渐进投资。风险投资是一种高风险高回报的投资，风险投资家以参股的形式进入创业企业，为降低风险，在实现增值目的后会退出投资，而不会永远与创业企业捆绑在一起。而且，风险投资比较青睐高科技创业企业。风险投资家虽然关心创业者手中的技术，但他们更关注创业企业的盈利模式和创业者本人。风险投资具有以下三个特征：

（1）以股权方式投资于具有高增长潜力的未上市企业，从而建立起适应创业内在需要的"共担风险、共享收益"机制。

（2）积极参与所投资企业的创业过程，一方面弥补所投资企业的创业管理经验上的不足，另一方面主动控制创业投资的高风险。

（3）并不经营具体的产品，而是以整个创业企业作为经营对象，即通过支持创建企业并在适当时机转让所持股权，来获得资本增值收益。

3. 政府扶持基金

政府为扶持新创企业而提供了一系列资金方面的优惠、补贴以及援助方面的政策。主要方式为：

（1）税收优惠：降低税率；税收减免；提高税收起征点；提高固定资产折旧率。

（2）财政补贴：就业补贴；研发补贴；出口补贴。

（3）贷款援助：贷款担保；贴息贷款；政府优惠贷款。

第三节 创业融资风险与决策

大学生创业企业在参与融资活动的过程中由于融资环境的改变和创业项目的不稳定等因素导致融资出现更多不确定性因素便是融资风险。即大学生在新的创业项目得到实施的同时，因为融资渠道和项目发展前景而产生的风险问题。融资是战略行为，对创业公司影响重大且深远。所以，创始人对融资中遇到的各种问题，都不能大意。对融资中的风险，更要高度重视，并谨慎应对。以下总结大学生创业融资的主要风险以及应对策略。

一、大学生创业融资的主要风险

（一）融资过程预估不合理

大学生缺乏较为实用的融资技能，对于创业经验和知识的缺乏也使得创业过程受到相应的限制，其创业项目规划不够合理，发展方向考虑不够周全，想法不够全面导致企业融资规模不合理、融资时机把握不当、股份被稀释、创业者被架空等问题。在创业融资的环境中，部分初创企业由于发展的需要，对于短期资金的需求较为急切，因此会选择通过低价卖出股权和技术创意，这就使得创业企业在发展初期就面临着各种问题。

（二）盲目选择投资者

大学生创业者在前期没有做好调研，加上社会经验不足，在寻求投资时可能会趋向于选择大公司来进行投资谈判。这些大型公司通常最容易被大家所关注是因为它们的规模大、投资活动多，并且它们从业已经有相当长的一段时间。但随着风险投资行业种类的增加及其他一些原因，这些大公司有时候可能合适，但有时候也可能不合适。

（三）一味寻求投资"输血"而忽略产品本身"造血"

在获得初期融资之后，创业者没有准备将他们的大部分注意力放到使运营走向正轨上，而是想着寻求下一轮的投资来帮助产品迭代。事实上，就企业生存而言，融资远没有完成订单及积攒现金重要。企业本身的健康现金流才是使企业能够"活下去"的筹码。

融资成功不意味着创业成功，后期的运作对项目的成功与否起着至关重要的作用，起步资金的运用是项目能否获得收益的重点。操作合理，项目才能在市场的考验中站住脚。然而，很多创业团队缺乏危机意识，在后期的项目运作和经营上不用心，最终创业失败。市场无时无刻不存在风险，团队要时刻存在危机意识，才能在市场上经营下去。

（四）团队管理不善

团队创业初期，团队规模不大，管理上的漏洞不明显，一旦融资成功，团队扩大，对管理方面的欠缺，尤其是财务管理方面的漏洞就凸显出来，很多大学生创业团队在拿到投资后，对资金的花费没有安排，导致花费超出预算等情况，影响了团队的发展。

二、大学生创业融资的风险的应对策略

（一）建立科学融资结构，有效规避融资风险

控制好企业的融资风险，要做到对各种渠道得到的资金予以权衡，从企业自身发展出发，考虑到经营成本、投资收益等多个方面，将资金的投放和收益结合起来，在融资之前做好决策，以免出现失误。在融资初期尽量多筹集资金以应对未来也许会出现的问题。筹集足够的资金对于企业的生存和成长、适应未预见到的情况和变化、以最佳的方式发展企业，招募优秀的人才。如果在资金容易筹集时却不筹集足够的数量，你就很有可能将现金耗尽。在真正需要资金时，几乎是不可能筹到的。

（二）寻求适合的投资者

规模大或知名的公司投资者不一定是最适合自己企业的，因此抛开对投资者规模和地位的偏见，寻求与自己创业领域相关度最大的投资者，融资成功的可能性才会提高。创业融资者应该寻找懂技术、了解市场、有专业人员网络并在竞争市场上显示出超群智慧的资金支持者，同时把注意力集中在那些和公司经营十分相配的相关专业技术上。找到最适合的，志同道合的投资者。

（三）在寻求新投资的同时，重视产品营业额

在拿到第一笔融资后，把有限的资金、技术资源投向继续发展的产品方面，对产品进行进一步开发或迭代，为初创企业制定正确的产品经营策略，正确估算出产品产能，做好市场调研，勇敢投入市场，抢占市场先机，提高市场竞争力。不要一味按照主观意识、执意不断开发产品而不投入市场，导致不能获得健康收益与现金流的同时，外部资金来不及衔接导致的资金断流。

大学生在创业前应对创业的各种因素进行评估。在创业之初，先积累一定的工作经验与人脉，培养自身创业团队的风险意识，正视创业可能带来的各种问题。团队要尽量积累更多的创业经验与市场操作经验，提升团队的整体综合素质，为团队提供向心力。团队的综合素质直接影响融资和企业发展中风险的规避情况，好的团队可以在风险刚出现时及时反应，做出对策，把风险消除在萌芽中，这是团队发展和企业建设的重要条件。

（四）健全创业管理制度

创业初期管理制度的建立，对日后团队的发展有重要意义。创业初期就合理分配投资者和各成员之间的股份，对团队资金的管理和人员分配也应该在创业的最初达成共识，有效的股权机制和信息透明可以减少团队的分歧，增加团队的凝聚力和向心力。完善的管理机制为日后公司的成立建立良好的基础，充分发挥团队效率，强化企业的信用度，对创业融资后可能出现的风险有一定的规避作用。

榜样的力量（七）——善于观察，滚雪球式积累

在创业中，如何充分发掘、利用、整合周围的资源、资金，调整经营策略？我们看看敢于折腾、不惧失败的"火苗大叔"李燃是怎样从零起点开办补习班，然后另辟蹊径拉起团队、注册微信平台、自学网站设计，建立起自己的电商平台的。

重庆文理学院2015级机电工程学院的李燃在高中高考结束后就开始了人生第一次自主创业：他在老家宜宾市巡场镇，开办了第一期"亲民学习社"中小学补课班。之所以想办补习班，是因为李燃曾经为补习英语花过一万多块钱，但

成效却不大。但他从这里看到了补课市场的商机。由于前期宣传力度不够、缺乏经验，补习班最后只有一个学生报名。李燃决定实行"不满意就不缴费"的策略：学生先补课，补课完后接受家长检验，如果不满意就不交钱，学到了知识再收费。他还采取一对一辅导、高质量高口碑的经营模式。没过多久，在学生和家长的口口相传下，陆续有许多家长和学生来报名补课。

最终，第一期辅导班下来，他一共盈利八九千元。第二年暑假，李燃开办了第二期补习班，一共盈利一万四五千元。初次创业成功，坚定了他义无反顾创业的信心。

大一时，李燃参加了一些商业团队。善于观察的他，很快洞察了校园流量这块商机，于是开始尝试在学校卖流量，并组织了一个小团队。当时有几十个代理为他卖流量，李燃挣了一部分钱。为了更加规范、更有效率地卖流量，李燃想利用新媒体做微信公众平台，但要做微商城类的公众号必须注册公司。

"当时做微信公众平台的时候，我预付了别人定金，手里就没剩多少钱了。虽然我妈工资很少，但仍然拿了一个月工资 1680 元支持我。"李燃回忆。注册公司和搭建微信公众平台前期，他一共花了两万多块钱，大部分是自己多年创业和兼职存下来的。

2017 年 8 月，李燃于四川省珙县巡场镇注册成立"宜宾火苗科技有限公司"；8 月 30 日，他注册认证"火苗大叔"线上商超微信公众平台，开始了第二次创业之路。目前，公司运行平稳，他的月收入至少达到三四千元，最高时一天能有一千五百元的收入。

为了对自己出售的东西和平台负责，李燃通常每天七点半起床上课。除了上课，就是运营平台，少有闲暇的时候，熬夜更是常事，经常凌晨一两点还在算账。每次出了问题他都会给顾客打电话，及时沟通、积极解决。偶尔，顾客购买东西后有疑惑，就在平台留言，有时候会说很难听的话。每次遇到这种问题，李燃总会亲自核实情况，给顾客道歉、保障顾客的权利。

最初，他的平台主要和移动、联通、电信合作，经营全国各地三网低价流量，同时售卖多种视频会员、QQ 会员、绿钻黄钻等。随着微信公众平台逐渐起步，以及市场流量的减少，李燃决定逐渐转型成本地性的服务电商平台，准备先拉文理学院的商家入驻。他们在宣传自己商品的同时，也为其他的创业者提供服务，比如 A 区的同学想吃 B 区三明治，通过他们的平台，足不出户就能品尝到。现在平台已经有学校的"电脑门诊"和"简雅"两个商家同意合作，正在做前期美工。为扩大文理学院的市场，李燃也尝试与各个学院的周末文化广场合作，免费为他们设计制作节目单，条件是在节目单角落印上公众号的二维码。

　　视野开阔的他，为拓宽平台业务，还开始为一些企业搭建网站、设计官网，并自学技术比如软件开发、PS 与摄影。通过不断问"阿里云"客服、公司技术员，以及观看免费的技术视频，李燃最终自学会了网站搭建技术。

【本章思考题】

1. 怎么整合有效资源开展创业融资？
2. 如何开展资源整合与协同？

第八章　创业项目实施与孵化

任何时候做任何事，订最好的计划，尽最大的努力，做最坏的准备。

——李想

第一节　样本市场测试

产品从研发到成长是一个长期的过程，一个新产品的引入往往带有很大的风险性，这就需要我们在将产品投放市场之前，做好市场调研与市场测试。进行市场测试的目的是协助营销经理对新产品作出更好的决策，并对现有产品或营销战略进行调整。市场测试通过提供一种对真实或模拟市场的测试来评估产品和营销计划。营销人员利用市场测试在规模较小却成本较低的基础上，对所提出的全国性计划的所有部分进行评估。这种基本思想可以用来确定产品在全国推广后得到的估计利润是否超过潜在风险。

一、为什么要进行样本测试

进行样本市场测试，主要的是为管理者提供了支持是否推出新产品的最终所需的信息。

（1）评估市场份额与容量。市场的规模大小可能就是该行业的未来发展天花板，找准行业以及对应的初始市场规模，能使初创企业对总体市场有一个较大层面的把握。

（2）掌握消费者用户画像特征（人口统计数据、生活方式、心理特征和其他形式的分类数据）。消费者的用户画像信息有利于企业有效地改进产品的营销战略，例如了解可能购买者的人口特征将帮助我们创造出更有效、更有影响力的媒体计划，了解目标消费者的心理和生活习惯将对如何进行产品的定位和确定吸引顾客的促销手段提供有价值的参考。

（3）评估是否应该进行进一步的产品研发或迭代。根据消费者调查，归纳总结产品信息数据，对产品进行进一步研发。创业初期，我们只是有一个好的想法和项目，至于怎么做，做什么，都是在开发项目中想清楚的。迭代就是一个从想不清楚到想清楚的过程，也是把一件没有把握的事情试明白的过程。迭代就是互联网产品加速演变的更高级的过程，并且是皇帝的享受、乞丐的价格。

（4）测试期间竞争者的反应也可以提供一些信息，预示产品在全国推广后竞争者可能的动态。兵法云：知己知彼百战百胜。经营企业正如做人，什么样的领导者会反映出什么样的企业风格，所以分析与你竞争企业的反映类型可以使企业能确认在什么地方应集中优势进攻，在什么地方应加强防守，在什么地方应主动退让；应进攻谁，回避谁，拟定较适合企业的市场竞争战略，争取处于较为有利的竞争地位。

二、样本测试方法

（一）标准市场测试

使用标准市场测试时，企业选取一些代表性城市，并在这些城市全面试销产品，通过记录和调查来检查产品的市场表现。缺点：成本高、测试时间长、竞争对手干扰、新产品易被竞争者获取研究。但此方法仍是目前使用较为广泛的市场测试方法。

试销的主要目的：

（1）进一步预测产品的销售前景和利润。

（2）试运行企业所制定的营销策略，并基于反馈进行修正，确保正式执行的时候无偏差。

通常来说，做产品试销，需要考虑六个方面的问题：

（1）试销方案：说明我们为什么要进行试销，以及通过试销要得到什么数据，和进行后期评估的各类标准。

（2）试销地点：在哪些区域开展试销，为什么要选择这些区域要说明。

（3）试销方法：选择什么样的渠道，选择什么样的媒体等。

（4）试销周期：大概需要多长时间来完成这个过程。

（5）成本预算：大概需要花费多少钱。

（6）试销评估：如何收集信息，如何传递信息，如何对收集到的信息进行评估等。

（二）控制市场测试

在给予一定费用的条件下，安排一组受控的商店经销新产品。控制市场测试一般比标准市场测试花费要少、时间较短，但同样有被竞争对手获取新产品研究的可能。

（三）模拟市场测试

企业可以在模拟购物环境下进行新产品测试。由于样本有限，购物环境又是模拟的，测试稍有误差，但作为"预测"可以降低市场测试成本和进度。

三、模拟市场测试实施步骤

（1）从新产品的目标市场获得有代表性的消费者样本来参与一系列的实验。在实验中，消费者被领入一间测试室，并要求完成一份有关他们的人口统计特征、购买实践以及关于新产品产品类别的购买行为的问卷调查。

（2）消费者观看在竞争环境中的新产品测试广告。这些商业广告在实际电视节目中播放，其中包括许多在产品类别中的现有品牌的商业广告，也有一些其他种类的产品和服务的商业广告。目的是测试环境尽可能现实，而并不是要覆盖产品类别中的每一种品牌。然而，保证将广告投入巨大的领先品牌是非常重要的。

（3）参与者组成一些小组进入一家模拟商店。这家商店有他们在所看的节目中做了广告的品牌和一些测试实验内没有包括的其他竞争品牌。受测试者被给予一定数量的钱从这家"商店"中购买东西，所给的钱数低于测试产品的价格。然后，要求他们根据自己的喜好进行购物（或决定不买）。很显然，要想购买测试产品就需要用他们至少一部分钱。这为其他方法设计的测试增加了一个现实因素。在这个测试中，只有那些受到品牌特征和用途的强烈吸引的人才会用自己的一部分钱购买产品。

（4）讨论他们的选择以及做出选择的原因，同时填写覆盖同样问题的结构化问卷。在完成讨论和设计选择原因的问卷调查后，消费者回到家中，按平常的方法使用他们购买的产品。

（5）在过了足够长的一段时间后给参与测试者打电话或登门来收集他们使用产品的态度。值得注意的是，受测试者事先并没有被告知会再次回访他们。回访跟踪调查的目的是为了了解：

1）他们对自己所选的产品感觉如何？

2）其他家庭成员对产品有怎样的反应（如果这是一种可能被其他家庭成员使用、消费和注意的产品）。

3）他们对产品的满意程度。

4）是否满意，原因是什么。

5）他们对所选产品与其他他们曾经用过的同类型产品或品牌的比较。

6）他们使用的产品数量以及使用频率。

总结一下，产品正式上市之前要做三个阶段的测试：

战略活动阶段→产品概念测试→确保选出符合企业资源和市场需要的产品概念出来。

规划活动阶段→产品样品测试→确保产品是符合产品概念且有优势的。

战术活动阶段→产品试销测试→确保产品能够实现既定的商业价值目标。

第二节 新企业注册登记流程及实务

一、办理企业名称核准

（1）到工商局咨询后领取并填写《名称（变更）预先核准申请书》《投资人授权委托书》，同时准备相关材料。

（2）递交《名称（变更）预先核准申请书》、投资人身份证、备用名称若干及相关材料，等待名称核准结果。

（3）经审核没有重名后就可以领取《企业名称预先核准通知书》。

二、确定公司住所

一般来说，公司住所多为租用，要求公司注册时有租房合同，而且租房协议一般要求是工商局统一制式租房协议，并让房东提供身份证及房产证的复印件。房屋提供者应根据房屋权属情况，分别出具以下证明：

（1）房屋提供者如有房产证应另附房产证及复印件并在复印件上加盖产权单位公章或产权人签字。

（2）无产权证的由产权单位的上级或房产证发放单位在"需要证明情况"栏内说明情况并盖章确认；地处农村地区的也可由当地政府在"需要证明情况"栏内签署同意在该地点从事经营的意见，并加盖公章。

（3）产权为军队房产，应提交加盖中国人民解放军房地产管理局专用章的"军队房地产租赁许可证"复印件。

（4）房屋为新购置的商品房又未办理产权登记的，应提交由购房人签字或购房单位盖章的购房合同复印件及加盖房地产开发商公章的预售房许可证、房屋竣工验收证明的复印件。

（5）房屋提供者为经工商行政管理机关核准具有出租经营权的企业，可直接在"房屋提供者证明"栏内加盖公章，同时应出具加盖本企业公章的营业执照复印件，不再要求提供产权证。

（6）将住宅改变为经营性用房的，属城镇房屋的，还已提交《登记附表—住所（经营场所）登记表》及所在地居委会（或业主委员会）出具的有利害关系的业主同意将住宅改变为经营性用房的证明文件；属非城镇房屋的，提交当地政府规定的相关证明。

三、编写公司章程

（一）根据公司特点及需求制定章程

如同制作一份求职简历，公司章程也有相应的模板可参考，并在工商局网站上下载作为范本。注意，范本是建立在公司法以及公司章程的一般规则或原则的基础上制定的。因此，不同类型、不同行业的公司，其申请者应根据其特点来细化范本的相关内容，才能更直观也有利于公司经营管理。

（二）划分公司股东、高级管理层（如监事、董事）的权利和责任的界限

因为范本（章程）只是一般性规则，范围比较广的公司法等规定，不能明确体现公司股东可行使的权利，对于界定高级管理层的权限也不明确。所以，制定公司章程时，一定要重点明确这几点重要内容。

（三）完善公司章程约定条款

完善公司章程，需要根据自身需要，充分发挥自治原则，并约定好相关事项再设计公司章程。编写公司章程需要考虑到公司经营范围、股东权利界限、股东会议决议是否合法以及公司股东出资份额的确定，并逐步完善公司章程。

除了上述几点要求，公司更应发挥自己的特色，可以集思广益，对以上章程进行更细化地处理，使其操作更具有可行性，而这一切制定都需要建立在合法、合理的前提下进行。公司章程可以根据工商局网站公布的公司章程进行修改，最后由所有股东签名，并署名日期。公司章程对于公司相当于宪法对一个国家，是公司最重要的治理规则，也是公司有效运行的基础。在股东之间或股东与公司之间的纠纷中，公司章程是最直接、最有效的判断行为对错的标准。当章程缺乏相对应的规定时，这些纠纷往往充满了不确定性，其结果往往是长时间的、大量的诉讼，给公司经营造成严重的打击，对于中小企业投资者来说，这种打击常常是致命的。所以制定公司章程的时候一定要小心谨慎。

四、申请公司营业执照

有限责任公司设立登记应提交的文件、证件：

（1）《企业设立登记申请书》，内含《企业设立登记申请表》《单位投资者（单位股东、发起人）名录》《自然人股东（发起人）、个人独资企业投资人合伙且有合伙人名录》《投资者注册资本（注册资金、出资额）缴付情况》《法定代表人登记表》《董事会成员、经理、监事任职证明》《企业住所证明》等表格。

（2）公司章程（提交打印件一份，全体股东亲笔签名；有法人股东的，要加盖法人单位公章）。

（3）法定验资机构出具的验资报告。

（4）《企业名称预先核准通知书》及《预核准名称投资人名录表》。

（5）股东资格证明。

（6）《授权委托书》。

（7）经营范围涉及前置许可项目的，应提交有关审批部门的批准文件。

受理之后5个工作日可领取营业执照（现在是五证合一，无须办理组织机构代码证、税务登记证）。

五、刻章

拿到营业执照之后，到公安局指定的刻章公司刻公章、财务章、发票章（如有）、法人章。

六、银行开立基本账户

携带营业执照正、副本原件及法人身份证原件、公章、财务专用章、法人章，到确定的开户银行开立基本账户。

七、发票申购

确定公司的业务性质，到相应的税务管理机关申领发票。

八、初创项目，应选择的公司类型

公司类型有个体工商户、合伙企业、有限责任公司、股份有限公司等等，分别有不同的性质和特征。对于大多数初创项目来说，"有限责任公司"是最常见的选择。股东以出资额为限，对公司的债务承担责任，公司以资产为限，对公司的债务承担责任，这就是有限责任公司。

虽然可以选择直接注册"有限合伙企业"或者"股份有限公司"，但这些形式不适合初创项目进行经营以及资本运作。绝大多数的创业项目都是从有限责任公司开始的，这种公司形式有利于项目的经营，也有利于以后的项目融资。另外，外籍人士由于身份的特殊性，一般情况只能申请注册外商投资企业。但是，该类型的公司注册的工商流程比较复杂，而且拿了融资之后，不能选择在国内上市。

因此，也可以选择注册一个有限责任公司，采取股权代持的方式来解决身份的限制。

九、公司名字与公司商标间的关系

公司名称与注册商标一致，对于长远发展来说，是一个理想的状态。商标是全国范围内适用的，而公司的名称，如果不是在国家工商总局注册的，就只能局限于所在城市。比如，在成都注册一个成都创业有限公司，那么该名称仅仅局限于成都地区，别人在北京也能注册一个北京创业有限公司。因此最好把公司的名称注册为商标，因为商标是全国通用的，就意味着其他人在别的城市不能再用相同的名字注册公司了。

十、确定工商注册股东的人数

第一，公司注册时，工商注册的股东人数要限制在合理的、相对较少的人数范围内；

第二，不需要等着股东人数完备，再去注册公司。

比如创业者自己牵头做一个项目，不需要等到合伙人都确定之后，才去注册公司。可以先注册，等合伙人加入之后，再将其变为工商注册的股东。

十一、注册资本的多少

根据新修订的《公司法》及相关条例，"注册资本"从"实缴"变为"认缴"。那么，"认缴制"下，注册资金就能认而不缴，无须担责吗？

这是一个严重的误区，认缴并不等于永远不需要实缴，并且认缴制下也有很大的法律风险。认缴制下，公司股东的出资义务只是暂缓缴纳，而不是永久免除。

在公司经营发生重大变化时，例如在公司进行清算注销时，负有外债未偿还，那么债权人可以要求公司股东缴纳认缴的出资，以用于清偿公司债务。因此，成都营业执照办理公司提醒，注册资本不是越大越好。有商业经验的人都知道，注册资本跟公司实力并无直接关系。

作为一个初创公司，比较合适的区间通常是 10 万到 100 万之间，具体要根据项目本身的特点，以及自己的经济实力来决定。

十二、出资形式的选择

在众多的出资形式中，一般创业公司用到的有货币出资、知识产权出资、劳务出资等。货币出资不再赘述。那么，知识产权出资需要注意什么问题呢？由于知识产权出资需要交所得税，因此给很多要以知识产权作为出资形式的创业者造成了很大的障碍。这种情况下，创业者可以用内部约定的方式来实现一个知识产权的出资。但是，在公司注册过程中，并不以知识产权作为出资的形式。

第三节　新企业的运营管理

运营就是基于产品，以最低的预算、最优的路径、最高效的执行、最有效的手段吸引大批忠实用户，建立产品在市场上的竞争壁垒，并最终取得产品市场成功的过程。新企业的运营管理尤为重要，如何奠定一个好的出发点将很大程度上决定企业的未来发展。一切的运营都是从产品出发的，怎么制定适合的营销策略，适时做好产品研发，以及如何组织好各部门之间的运作是初创企业要考虑的重中之重。

一、愿景和使命

Vision 是指制定一个统一、可行的团队目标，而 Mission 则是为了实现这个目标的子任务。创业开始的前两年，任何一家企业要想有所发展，一个可行性较强的目标必不可少。创业者根据公司的经营状况、经营范围、用户群体、市场需求等等，制定一个诚实的团队目标。做好公司的"五年规划"，让员工看到希望，有前进的动力。起步是创业最艰辛的阶段。很多企业都败在没有找到一款符合市场刚需的产品，或是这个产品没有一个好的商业模式，市场和用户规模再大，也没有办法变现。这时候，一个合格的执行官需要管理好产品的定位、研发进程，勇敢地带团队进行市场推广，找到适合的产品、服务和商业模式，建立核心竞争壁垒。很多从大公司出来创业的人，对市场缺乏敏感度，也许会在这个阶段受到很大的挫折。而熟悉产品、技术或者某一个行业的创始人和执行官能够脱颖而出。

二、企业人才管理

制定严格的员工行为规范，用来约束日常行为，创建良好的办公环境。管理是一门艺术，留住人才，不是留住所有的人，对于创业团队中的成员，一定要宁缺毋滥、在能力方面把好关。一旦进了门，每个人的思想很容易影响到其他团队成员的决心。无论到何时，薪资肯定是员工尤为关心的一点，每年可评选不同层级优秀的员工，给予阶梯式涨薪。工资固定发放，如遇特殊时期，需提前公告解释，留住人心。在公司发展时期，执行官的职责必须及时转换，通常由最初对产品技术和营销的具象管理升级到对人的管理和建立管理系统。在各个层面找到合适的专业化人才，替代执行官具象的项目管理，对员工的要求是专业化程度更高，能够独当一面。

(一) 充分了解企业的员工

每个人对自己都是如此简单，而对他人却是如此复杂。作为管理者，要能充分认识你的员工不是一件很容易的事。但是管理者如果能充分理解自己的员工，工作开展起来会顺利得多。俗话说"士为知己者死"。一个能够充分了解自己员工的管理者，无论在工作效率，还是人际关系上他都将会是个一流的管理者。总之，管理者与员工彼此间要相互了解，在心灵上相互沟通和默契，这一点对一个中小企业的管理者来说尤为重要。

(二) 聆听员工的心声

中小企业的管理者都有强烈的自我主张，这种倾向有助于果断、迅速的解决问题，但另一方面也会使管理人员一意孤行，听不进他人意见，导致决策失误。在企业的管理中，聆听员工的心声，也是团结员工，调动积极性的重要途径。一个员工的思想出了问题，会失去工作热情，要他卓越的完成你交给他的任务是不可能的。这时，作为管理者，应耐心地去听取他的心声，找出问题的症结，解决他的问题或耐心开导，才能有助于你的管理目标的实现。

对待犯错误的人员，也应当采取聆听的办法，不应一味责难它们，而应给他们解释的机会。只有了解个别情况后，才能对他们对症下药，妥善处理。

（三）管理方法经常创新

管理员工就像开汽车，司机在开车时需小心的看着指示器和路面，路面有新的变化，指示器的指针有变化，他就应转动方向盘，防止翻车撞人。管理员工也是如此，管理人员要让其员工在制定的轨道上运行，就要仔细观察、经常调整，以防止其出现偏误。在稳定的大企业中，管理者要多注意员工的各种变化，在基本管理框架内灵活的运用各种技巧管理下属。而对于活跃的中小企业管理者而言，他们的责任更加繁重。他们不仅不能墨守成规的管理下属，也不能用固定的模式去涉及企业的蓝图。

管理者要不断采用新的方法处理员工管理中的新情况，就必须要有超越陈规的意念和能力。20 世纪 70 年代末 80 年代初，福特公司的经营思想日渐保守，公司业绩步步下滑，最后滑到了亏损的边缘。艾柯卡出任克莱斯勒总裁后，积极开拓创新，激发了员工的干劲，不到两年，终于使濒临破产的公司奇迹般的起死回生了。

（四）德才兼备，量才使用

"尺有所短，寸有所长"，每个人在能力、性格、态度、知识、修养等方面各有长处和短处。用人的关键是适用性。为此，作为管理者在用人时，先要了解每个人的特点，十个员工十个样，有的工作起来利落迅速；有的谨慎小心；有的擅长处理人际关系；有的却喜欢独自埋头在统计资料里默默工作。

在许多企业的人事考核表上，都有一些关于处理事务的正确性、速度等评估项目，能够取得满分这才称得上是优秀的职员。作为一个管理者，不仅要看到人事考核表上的评分，更重要的是在实践中观察，结合每个员工的长处给予适当的工作。在从他们工作过程中观察其处事态度、速度和准确性，从而真正测出其下属的潜能。也只有如此，管理者才能灵活、有效、成功地管理他的员工、使事业蒸蒸日上。

（五）淡化权利，强化权威

对员工的管理最终要落实到员工对管理者，或下属对上司的服从。这种领导服从关系可以来自权利或权威两个方面。管理者地位高，权力大，谁不服从就会受到制裁，这种服从来自权力。管理者的德行、气质、智慧、知识和经验等人格魅力，使员工资源服从其领导，这种服从来自权威。

一个企业的管理者要成功地管理自己的员工，特别是管理比自己更优秀的员工，人格魅力形成的权威比行政权力更重要。

（六）允许员工犯错误

现实世界充满了不确定性，在这样的一种环境中做事自然不可能事事成功，一个人能多做正确的事，少做错误的事情，他就是一个优秀的人。作为一个管理者，若要求下属不犯任何错误，就会抑制冒险精神，使之缩手缩脚，失去可能成功的商机。

冒险精神是一种宝贵的企业家素质，冒险需要勇气和资本。若能从不确定的精神中，靠着某种灵感去冒险，才可能有成功的机会，但也有可能招致失败。若管理者不允许员工失败，冒险失败会受到上司的严惩，则员工就回报着不做不错的观念，这样企业便失去赖以发展的重要动力。

因此，身为管理者，应鼓励员工理性的去冒险、去创新、去抓住商机，应允许员工失败。当下属冒险犯了平常的小错时，不应过多指责；当冒险成功时，务必多加赞赏，并给予相应的回报。

（七）引导员工合理竞争

在中小型企业中，员工之间也是存在竞争性的，竞争有正当竞争和不正当竞争的区别。正当竞争就是采取正当手段或积极方式正向攀比。不正当竞争就是采取不正当的手段制约、压制或打击竞争对手。

作为一名管理者，关注员工心理的变化，适时采取措施，防止不正当竞争，促进正当竞争是其重要的职责。为此，人员管理有一套正确的业绩评估机制，要以工作实绩评估其能力，不要根据员工的意见或上级领导的偏好、人际关系来评价员工，从而使员工的考评尽可能公正客观。同时，企业内部应建立正常的公开的信息渠道，让员工多接触、多交流、有意见正面沟通。

（八）激发员工的潜能

每个人的潜能是不同的，对不同特质的人，采取不同的刺激手段才可能达到好的效果。医学研究表明，人类的思维和行动均来源于大脑皮层的活动，而大脑皮层又有内侧与外侧之分，这两部分各有不同的功能。管理者应将这一原理运用到企业管理中来，根据不同人的特点采取不同的激励方法。

三、站在更高格局，制定管理战略

在企业稳步发展阶段，所在领域的相对市场地位基本确立，这时候作为执行官，应该更多地思考企业的战略管理。技术的更新换代的速度通常是3~5年一个周期，比如移动互联网在2010年之后的蓬勃兴起，社交媒体的出现，以及最近几年的智能硬件到机器人行业的火爆，要求公司的产品形态和对应变现的商业模式不断升级。在这个时期应当做好投后管理，即获得投资之后对企业未来发展的管理。分析客户定位，市场定位以及开拓新的市场，职能部门重新划分，适时接受新的融资，勇于转型，勇于合作，让企业的生命周期不断延长，得到更好发展。

企业战略制定，是管理好一个企业的关键一招。在管理实践中，企业制定战略，通常根据企业的规模、业务特点等选择不同的制定战略的方法。

（一）由下到上的方法

由上到下的方法是指，首先每个业务部门制定战略，然后呈送上级机构，最后公司将各业务部门制定的战略汇总起来形成公司的战略，也就是各个业务部门战略的组合。在战略制定的第一层，即各业务部门，一般是根据自身的所处环境相应地制定战略，而主要的战略目标则是为了各个部门现有的业务活动和使各部门的地位得到巩固与加强。并且，大多数新的业务部门都倾向于扩充现有的业务活动。

不过，由于业务部门对公司生存的重要程度，一般来讲业务部门的管理者通常很熟悉公司的生存现状，在企业也有比较高的话语权。所以，业务部门选定的战略，往往是尽量解决公司发展迫切需求的方案，送上级主管部门审批，也比较容易通过。

但从下至上这一制定战略方法也有个主要的缺点：由于每个业务部门的战略都是根据其自身的特殊环境制定的，这样，汇总起来的公司级战略就容易变成大杂烩，缺乏公司范围的凝聚性、统一性和一致性，对于规模较大，结构较为复杂的公司，可能难以和整个公司的环境和资源形成契合。

（二）自上而下的方法

自上而下的方法在一些认为制定战略能够便于团队管理的企业比较常见，一般是只有企业的小部分管理者投入到战略制定过程中。因而，这一战略反映了高层管理者对如何有效地获取企业目标所做的决定。

这种制定企业战略的方法，可以对各业务部门之间所存在的任何矛盾，在公司范围内彻底讨论并解决（当然研究时也需要下层管理者提出建议和意见以便考虑）。

一般来讲，自上而下制定的企业战略是具有凝聚性和统一性的战略计划，公司方向、目标和行动目标都很明确。当公司战略确定后再分解成每一个业务部门的战略和指导方针并交给各业务部门去实施。另外，公司级战略计划所包含的战略目标和行动目标也就成为考核各业务部门经营好坏的基础。

（三）协商式的方法

协商式的方法是指公司和业务部门的管理者相互交叉、联合制定业务部门和公司的战略。这样制定出来的战略计划既反映了公司目标与要求，又和业务部门管理者对其所辖业务的特殊情境有密切的联系。也许在战略制定过程中由于协商和考虑过程较长，耗费了较多的时间和精力，但是这种耗费会由于战略的批准时间和实施步骤的缩短而得到补偿。

另外，这种方法下，在制定战略过程中，公司管理者会特别注意业务部门战略的形式和内容，达成相对地统一。同时，由于前期的协商，管理者不需要再花费大量的精力去测算业务部门的战略建议，可以根据公司资源、战略目标和公司方向使各业务部门的战略形成一个公司战略组合。

（四）半自治式的方法

半自治式的方法主要特点是公司和业务部门的战略制定活动都是相对独立的。其中业务部门的战略是以适应各部门环境和目标而制定的。业务部门战略形成经过公司批准执行，一般每年一次地对战略进行定期检查和评估。

而公司级的战略制定和重新修改不必有连续性，只要将其重点放在认清公司的发展方向上，从公司的角度分析出现的各种威胁和机会，决定经营哪些新的业务、淘汰哪些现有的业务，对公司现有组合内的各项业务制定适宜的优先原则等。也就是说，公司级管理者的工作重点则放在研究业务组合并着手从整体上改善业务组合的行为上，而不是放在测算和制定业务部门的战略的详细过程。

榜样的力量（八）——不实践，想法就还是想法

一个创业的想法和项目有了雏形后，如何在市场上实际运作，并解决出现的各种问题？看一下雅阁教育培训创始人蒋越悦的故事。作为一个教育学院读大三的学生，她是重庆文理学院首家以提供大学生艺术培训与少儿培训的大学生创业机构的创始人，目前她的机构年营业额已突破20万元。

读大一的时候，蒋越悦想学古筝，但学校附近没有培训机构；后来找到一个学姐教她也很不方便，没有练琴的地方。普通人遇到这样的情况要么放弃想以后再学，要么就干脆不学，但蒋越悦选择自己去办一个培训机构。

有了这个想法以后，蒋越悦热血沸腾，后来冷静下来才发现需要准备的东西很多。但她终于迈出了创业第一步，自己一个人从资金、场地到招生宣传等各方面开始准备。

没有钱，她就四处找别人借。最开始没有父母的资金资助，她只好找朋友借，再加上自己以前的存款也就差不多够了。为了节省成本，很多事情蒋越悦都亲力亲为。比如宣传单和海报，从设计到发行她都尽量自己弄，还有店里装饰的字画也都是她自己写、自己画。为了省下开销，雅阁教室里的桌椅板凳，好多都是她一个人组装起来的。

没有场地，她就在网上到处收集相关信息。当时她到处找空的店面，但都不合适：要么太偏僻，要么就太贵。后来她才知道学校有个创新创业部，于是连夜准备了申请书和路演，向学校老师全面展示了自己的团队、运营模式、市场前

景、后期规划等。申请成功后，学校不仅给他们提供了店面，还给他们做了关于申请营业执照、办公章、纳税等的各种培训。

没有学生，她就拼命做宣传。因为嫌广告公司设计海报收费太贵，蒋越悦还自学了PS，经常都是熬夜把海报做出来。

有一次她们拿着新印出来的宣传单去兴龙湖宣传，在人流区跳街舞的创意吸引了很多人。结果保安叔叔把他们轰走了。他们继续转战人民广场，在一块空地上卖力地弹吉他、唱歌、跳舞，想吸引路人的注意力。

创业中，还有一些让蒋越悦至今都不想提起的"意外"。有一次蒋越悦发现有个学生到该续费的时候不续费了。实际上，是有老师觉得自己带学生比在雅阁赚钱更多，于是就让学生不要在雅阁学了，直接交学费给他可以便宜点。

当时，蒋越悦聘用的大部分老师也是文理学院的学生。大家都是学生，她必须找到方法管理这些和自己一般大的人。她当机立断，制定了相关规定，也算是吃一堑，长一智。

创业虽然辛苦，也让蒋越悦收获了很多志同道合的朋友。由于找到投资合作者，现在的雅阁已经不再局限于学校南门那一家小店铺，而是拥有六家分店，在永川区的人民广场和金科两处的优客教育城、昌州古城，甚至江津区都有雅阁的存在——这一切的发展除了蒋越悦自己的努力，也离不开合伙人的帮助。

在培训模式上，雅阁也经历了很大变化：最开始时，它还只是局限于"大学生兴趣班"的模式。但蒋越悦一直寻求突破，先是扩大受众范围，不再只招收大学生；其次教授的东西也逐渐增多：国学、武术、戏曲、陶艺、古筝、二胡……雅阁走向了宣扬传统文化、技艺的方向。

而在蒋越悦身边，那些被这些传统文化深深吸引着的人，也就顺理成章成为她的合伙人。"坚持下去，就不是你去找机会，而是机会来找你。"蒋越悦说。

这次创业不仅给蒋越悦带来了朋友，还给了她一双"火眼金睛"——怎么挑选老师和合作伙伴。"很多东西课本上是无法教给你的，只能通过实践来学习。"蒋越悦总结。

【本章思考题】
1. 根据本章内容谈谈注册企业的流程。
2. 如何提高企业的管理水平？

参考文献

[1] 爱德华·德博诺. 严肃的创造力：水平思考的工具与技巧 [M]. 北京：化学工业出版社, 2017.

[2] 杨倩. 致胜大数据时代的 50 种思维方法 [M]. 北京：红旗出版社, 2015.

[3] 吴隽, 邓白君, 王丽娜. 从 0 到 1 一起学创业 [M]. 天津：南开大学出版社, 2019.

[4] 曾云. 创新与创业 [M]. 重庆：重庆大学出版社, 2020, 156.

[5] 曹乃志, 张子睿, 王慧秋. 高职学生创新创业基础 [M]. 哈尔滨：哈尔滨工程大学出版社, 2020.

[6] 孟一, 张德梅, 邵红侠. 大学生德育教育与创新创业研究 [M]. 沈阳：辽海出版社, 2020.

[7] 王恒宇. 基于 CIPP 的高校创业教育质量评价体系研究 [J]. 科技创业月刊, 2019, 32 (10)：93~95.

[8] 孙大鹏. "互联网 +" 背景下大学生创新创业的机遇与挑战 [J]. 中外企业论坛, 2020 (19).

[9] 刘波. 基于就业导向的传媒类高职院校创新创业课程体系建设问题研究 [J]. 2020 (9).

[10] 胡玲, 杨博. 高校创新创业教育效果的影响因素研究——基于 2016—2018 年我国 150 所创新创业典型经验高校的数据 [J]. 华东师范大学学报（教育科学版）, 2020, 38 (12)：64.

[11] 许启彬. 我国高校创业教育的文化根基：学理诠释与夯实路径 [J]. 高校教育管理, 2020, 14 (1)：83.

[12] 王占仁. "广谱式" 创新创业教育的体系架构与理论价值 [J]. 教育研究, 2015, 36 (5)：58.

[13] 宋之帅, 王章豹. 我国创新创业教育生态系统演进历程与发展趋势 [J]. 中国高等教育, 2020 (2)：39.

[14] 谢家建. 高校 "互联网+" 创新创业教育系统的内在逻辑与建设路径 [J]. 当代教育论坛, 2019 (5)：113.

[15] 王军. 职业化教育导向型金融实验教学创新探讨 [J]. 安徽电子信息职业技术学院学报, 2020 (1)：25~29.

[16] 陈诗慧, 张连绪. 大学生创新创业教育的国际模式、经验及借鉴——基于美国、德国、日本等三国的比较 [J]. 继续教育研究, 2018 (1)：115~120.

[17] 黄萧萧. 国际高校创新创业教育经验探析及启示 [J]. 中国培训, 2017 (23)：53~56.

[18] 胡桃, 沈莉. 国外创新创业教育模式对我国高校的启示 [J]. 中国大学教学, 2013 (2)：90, 91~94.

[19] 吴学松. 应用型本科院校创新创业教育现状、问题与对策 [J]. 教育与职业, 2020 (5)：56~61.

[20] 倪芝青. 国内外创新创业发展模式盘点 [J]. 杭州科技, 2019 (4)：55~59.